名师名校名校长

凝聚名师共识
图志名师关怀
打造名师品牌
培育名师群体

顾明远题

面向深度学习的小学科学教学

胡善义 主编

中国出版集团 现代出版社

图书在版编目（CIP）数据

面向深度学习的小学科学教学 / 胡善义主编. — 北京：现代出版社，2023.5

ISBN 978-7-5231-0299-2

Ⅰ. ①面… Ⅱ. ①胡… Ⅲ. ①科学知识—教学研究—小学 Ⅳ. ①G623.62

中国国家版本馆CIP数据核字（2023）第072192号

面向深度学习的小学科学教学

作　　者　胡善义
责任编辑　李　昂
出版发行　现代出版社
地　　址　北京市安定门外安华里504号
邮政编码　100011
电　　话　010-64267325　64245264
网　　址　www.1980xd.com
印　　制　北京政采印刷服务有限公司
开　　本　710mm × 1000mm　1/16
印　　张　13.75
字　　数　231千字
版　　次　2023年5月第1版　2023年5月第1次印刷
书　　号　ISBN 978-7-5231-0299-2
定　　价　58.00元

目录

第一章

小学科学深度学习的内涵与意义

随着课程改革的深入，让深度学习在科学教学中真正发生成了当今小学科学教学的追求目标。深度学习强调学生主动学习，是一种高效而有意义的学习方式。在教学中，我们意识到：教师只要重视教学策略，创设教学情境，帮助学生深层次理解科学探究，深度学习就会发生。让深度学习在小学科学课堂真正发生，成了当今小学科学教学的重要使命。

第一节　小学科学深度学习的背景

2017年，中共中央办公厅、国务院办公厅印发了《关于深化教育体制机制改革的意见》，明确强调了发展学生关键能力的重要性。党的十八大明确提出“把立德树人作为教育的根本任务”。党的十九大进一步强调“落实立德树人根本任务，发展素质教育”。教育部强调把课程改革作为落实立德树人根本任务的一个重要抓手和突破口，并提出要制定学生发展核心素养体系，把核心素养落实到各学科教学中。教育部在新修订的各学科课程标准中明确提出，各学科要结合学生发展核心素养的要求和学科特点，进一步凝练学科核心素养，并把学科核心素养作为确定课程目标、遴选教学内容、设计教学活动的主要依据。

学生发展核心素养是教育方针的具体化和细化，是对培养目标的整体描述。课程、教材、教学是落实中国学生发展核心素养的主要载体。我国基础教育课程目标从“双基”发展到“三维目标”，再到“学科核心素养”，每一次的课程改革都带来课程目标、课程体系结构、课程内容的巨大变化，而相应的教师的教学理念、教学设计、教学行为也必须随之变化和发展。新时期的教师必须从培养“学科核心素养”出发，以立德树人为教学的根本宗旨，系统地改革和创新教学方式，设计适宜的教学活动，选择恰当的学习形式，开展恰当的教学评价。基于学生核心素养培养的课堂教学对教师的挑战是巨大的，教师必须深刻理解学生的学习是如何发生的，必须深刻掌握学科知识和教学技能，并将所有合适的教学元素恰当运用到课堂教学中。

为了落实立德树人的根本任务，培养核心素养，发展素质教育，深度学习应运而生。深度学习教改中强调深层次学习，与《义务教育科学课程标准（2022年版）》（以下简称《科学课标》）发展的核心理念深度契合，是培养和发展学生核心素养的重要举措，是解决当前课堂教学中目标定位不准确，教材把握、处理不到位，课堂探究、思考不深入等课堂问题的重要抓手。

第二节　小学科学深度学习的内涵

一、什么是深度学习

深度学习是一种课题变革的理念和课堂教学的设计思路。目前，对深度教学这一概念公认的理解是：在教师引领下，学生围绕着具有挑战性的学习主题，全身心积极参与、体验成功、获得发展的有意义的学习过程。[①]在这个过程中，学生掌握学科的核心知识，理解学习的过程，把握学科的本质及思想方法，形成积极的内在学习动机、高级的社会情感、积极的态度、正确的价值观，成为既具有独立性、批判性、创造性又有合作精神，基础扎实的优秀的学习者，成为未来社会历史实践的主人。[②]

深度学习理念是促进学生核心素养发展的关键教育理念。教学中有效培养学生核心素养的重要路径无疑是在课堂教学上践行深度学习。美国当代著名教育家和心理学家布卢姆的教育目标分类学将认知领域的学习目标分成了记忆、理解、应用、分析、评价及创造六个层次，明显蕴含了“学习有深浅层次之分”的认识，其中的深层次学习应为深度学习。[③]现阶段的课堂教学中存在的问题，如死记硬背式的机械学习、用“假探究”代替真实探究实践等教学现象。深度学习就是针对此类课堂实践中存在的浅层学习问题而提出的。教学过程中，教师不必采用某种固定的教学模式或方法，而是强调用恰当的方法组织

① 张华娟. 议题式教学在“中国特色社会主义”教学中的应用研究［D］. 济南：山东师范大学，2021.

② 郭华. 深度学习及其意义［J］. 课程·教材·教法，2016，36（11）：25-32.

③ 商德远. 深度学习：发展学生核心素养的重要路径［J］. 当代教育家，2016（10）：30-31.

课堂，引发、促进、提升学生科学课堂的深度学习。深度学习的终极目标指向立德树人，指向发展核心素养，指向培养全面发展的人。因此，深度学习强调感情波动，强调深层次的思考，强调学科育人的价值厚度。

二、什么是小学科学深度学习

小学科学深度学习则是学生在教师引领下，围绕着具有挑战性的实践活动，通过全身心参与、体验成功，并发展思维和知识等能力的有意义的学习过程；是学生在教师的指导、组织和支持下，主动体验、开动脑筋，通过严谨科学的科学探究实践后，认识科学、领悟科学，养成科学的思维习惯，构建积极正面的态度责任的过程。

《科学课标》将原来的倡导探究式学习调整为将探究实践作为普适性学习模式，强调“做中学”和“学中思”，甚至罗列了一些探究实践活动作为必做探究实验。这些改动意在使学生经历真实的探究实践活动，并在此过程中培养学生提出问题的能力、收集和处理信息的能力、获取新知识的能力、分析和解决问题的能力以及交流与合作的能力等，进而发展学生的创造性、批判性思维，逐步培养学生的科学思维和态度责任，提升学生的核心竞争力，刺激学生的核心素养发展。深度学习强调的是学习的“深度”，在科学学习中是指在经历深层次的探究实践活动后，引发学生对科学观念的深度理解，并形成正确的态度和价值观。《深度学习：走向核心素养》一书指出，深度学习的教学设计，重点在于精心设计问题情境和学习任务，引发学生认知冲突，组织深度探究的学习活动，关注对学生的持续性评价。[①]

① 刘月霞，郭华.深度学习：走向核心素养［M］.北京：教育教学出版社，2018.

第三节 小学科学深度学习的理论依据

一、布卢姆教育目标分类学

布卢姆的教育目标分类学将教育目标分为认知领域、情感领域和操作领域。该理论在认知领域把教学目标分成六大层次，从低级到高级依次为记忆、理解、应用、分析、评价、创造。[①]其中，认知目标分类理论的建立基于人类的认知是“从简单到复杂，由具体到抽象”这一规律过程。该理论下六大层次是从低级到高级依次进阶的，浅层学习时，学生的认知水平会停留在识记和领会，进入深度学习后学生的认知水平将进阶至后四层，即应用、分析、综合和评价。喻衍红通过表格的形式给我们展现了深度学习下布卢姆认知领域分类对应的内容，具体见表1–3–1。

表1–3–1[②]

布卢姆认知领域分类	深度学习原则	深度学习
记忆	基于事实，识记知识	对已有的知识前概念进行回忆
理解	基于逻辑和结构，理解所学知识	理解把握知识的内涵，包括转换、解释、推断
应用	置于行动中，验证知识	知识迁移至新的情景中，解决一些实际问题

① 洛林·W. 安德森. 布卢姆教育目标分类学：分类学视野下的学与教及其测评（完整版）（修订版）［M］. 蒋小平，张琴美，罗晶晶，译. 北京：外语教学与研究出版社，2018.

② 喻衍红. 利用信息技术促进大学生深度学习的研究［D］. 南昌：江西师范大学，2009.

续 表

布卢姆认知领域分类	深度学习原则	深度学习
分析	思辨过程，确定知识间的相互联系	分解知识，明确基本理论和基本原理
评价	根据一套标准，做出符合客观事实的推断	根据一定的标准或准则，进行价值推断
创造	深度加工知识，选择适宜的部分进行重组，高水平	以创新的方式，将知识融会使用产生出新的模式或结构

二、认知心理学

现代认知心理学将知识分为三大类：陈述性知识（又被称作描述性知识、语义知识，指关于世界事实性的知识）；程序性知识（指在特定条件下可以使用的一系列的操作步骤）；策略性知识（指关于如何学习和如何思维的知识，是关于如何用陈述性知识和程序性知识去学习、记忆、解决问题的一般方法）。深度学习不仅要学会陈述性知识和程序性知识，更要在其基础上对策略性知识进一步深化学习，深度学习不是被动地接受，而是接受后的反思，不仅是原有知识的扩充，更是学习者认知结构的重建。[①]

三、建构主义学习理论

建构主义学习理论认为：知识并非由他人告知，是学习者在一定的社会文化背景下（可理解为具体的情境），借助其他人（包括老师和学习伙伴）及必要学习资料的共同帮助，通过意义建构得到的。建构主义学习理论提倡以学生为中心的学习方法。在以学生为中心的教与学中，教师的角色是组织者、帮助者、指导者和促进者，学生的角色才是知识意义的主动建构者。教材、教师所提供的知识点或其他目标要求不再是教授的内容，而是学生主动建构意义的对象；教学过程中使用的媒体也不再是帮助传授知识的手段、方法，而应成为帮助学生在情境中进行小组协作式学习活动、课堂心得记录、师生交互、学生交

① 孙银黎. 对深度学习的认识［J］. 绍兴文理学院学报，2007（4）：34-36.

流分享等的学习工具，即作为创设情境的手段和方法或作为学生主动学习、协作式探索的认知工具。

建构主义学习理论认为学习是学习者在原有的知识结构基础上吸收并且建构的有意义活动过程，这一过程是学习者同学习者所接触的外部世界相互作用的结果，而非被动接受的结果。同时，建构主义还提出了较为系统的学习理论和多种教学模式，这对于小学科学教学有着巨大的指导意义，特别是为小学科学深度学习教学提供了理论支持。

第四节　小学科学深度学习的主要特点

一、以学科核心概念为线索确定学习主题

《科学课标》共设置13个学科核心概念，以学生能够感知的物质科学、生命科学、地球与宇宙科学、技术与工程中的一些比较直观的学生有兴趣参与学习的重要内容为载体，是所有学生在义务教育阶段应该掌握的科学课程的核心。科学课程通过对学科核心概念的学习，理解4个跨学科概念，并将科学观念、科学思维、探究实践、态度责任等核心素养的培养有机融入学科核心概念的学习过程。①

小学科学的13个学科核心概念中，包含生命科学领域的核心概念共4个，分别为生命系统的构成层次、生物体的稳态与调节、生物与环境的相互关系、生命的延续与进化；包含物质领域的核心概念共4个，分别为物质的结构与性质、物质的变化与化学反应、物质的运动与相互作用、能的转化与能量守恒；包含地球与宇宙领域的核心概念共3个，分别为宇宙中的地球、地球系统、人类活动与环境；还有技术与工程领域的核心概念共2个，分别为技术、工程与社会，工程设计与物化。4个跨学科的核心概念则为：物质与能量、结构与功能、系统与模型、稳定与变化。

小学科学在课程内容的呈现上，将学科核心概念分解成多个学习内容。小学科学深度学习以科学学科课程核心内容为线索，基于科学学科的核心概念合

① 中华人民共和国教育部. 义务教育科学课程标准（2022年版）［M］. 北京：北京师范大学出版社，2022.

理选择深度学习的主题和内容。

二、利用大概念的理念建构概念

科学教育的目标是一个趋向于实现核心概念的进展过程，这些核心概念即为“科学上的大概念”。选定大概念进行科学教学，成为新的学习科学的方法和研究重点。围绕科学大概念来组织科学课的教学，有助于学生对科学观念进行鉴别、类比和推理，有利于教师分析、梳理概念建构的进程，也有利于教师准确把握教学目标，创造性地对教学内容进行加工和优化。

以“大概念”（Big Ideas）的理念组织教学不是把大概念直接教授给学生，而是站在大概念的高度上，梳理科学观念体系，审视科学观念的进阶过程，基于学生的实际情况，选准基本教学目标，选择有效的教学方法和教学情境来促进学生科学观念的建构，引导学生的科学观念朝着大概念的方向发展。

《科学课标》也强调了利用大概念进行科学教学的理念。随着学生年龄的增长和学习的进阶，科学观念变得越来越抽象和难以理解。如果这些观念的建立不能追溯和连接到更为具体的经验，学生对这些观念的理解就会产生困难。所以在构思科学教学的目标时，在观念建构方面不是用一堆事实和理论，而是趋向于重现核心概念发生的进展过程，来帮助学生克服科学观念的理解难点。这些核心概念及进展过程可以帮助学生理解与他们生活有关的一些事件和现象。这些核心概念称为科学上的大概念。

深度学习主张用大概念的理念组织教学，促使教学内容和大概念建立密切联系，提高学生的理解力，促进学生探究能力的发展和观念建构水平的提高。

三、以核心素养为培养目标

深度学习围绕具有挑战性的学习主题展开，以促进学生发展为目标进行教学设计。深度学习所确定的学生学习的目标包括对核心知识的理解与掌握，以及在学生掌握核心知识的过程中，培养学生的学科核心素养。学生学科核心素养的培养促进学生核心素养的提升，学生的核心素养应当成为深度学习教学设计的终极目标。通过核心内容的单元整体分析，从学科本质的分析和学情分析中，提炼得到的学习主题所反映的高阶思维和关键能力就是学生核心素养。单元核心教学目标的提炼，则是对单元内容进行整体分析的结果，是培养学科核心素养的奠基。

（一）核心素养

中国学生发展核心素养以培养“全面发展的人”为核心，分为文化基础、自主发展、社会参与三个方面，综合表现为人文底蕴、科学精神、学会学习、健康生活、责任担当、实践创新等六大素养，为方便实践应用，具体细化为国家认同等18个基本要点。[①]各素养之间相互联系、相互补充、相互促进，在不同情境中整体发挥作用。根据这一总体框架（图1–4–1），可针对学生年龄特点进一步提出各学段学生的具体表现要求。

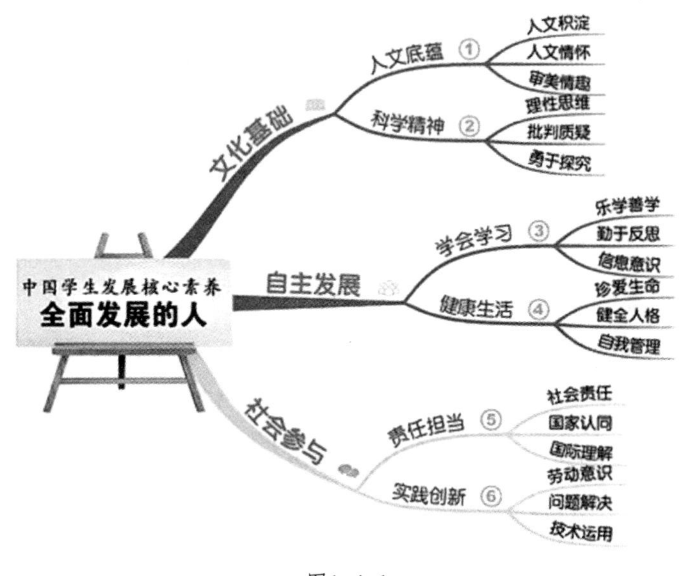

图1–4–1

1. 文化基础

文化是人存在的根和魂。文化基础，重在强调能习得人文、科学等各领域的知识和技能，掌握和运用人类优秀智慧成果、涵养内在精神，追求真善美的统一，发展成为有宽厚文化基础、有更高精神追求的人。

① 核心素养研究课题组. 中国学生发展核心素养［J］. 中国教育学刊，2016（10）：1–3.

（1）人文底蕴。主要是学生在学习、理解、运用人文领域知识和技能等方面所形成的基本能力、情感态度和价值取向。具体包括人文积淀、人文情怀和审美情趣等基本要点。

（2）科学精神。主要是学生在学习、理解、运用科学知识和技能等方面所形成的价值标准、思维方式和行为表现。具体包括理性思维、批判质疑、勇于探究等基本要点。

2. 自主发展

自主性是人作为主体的根本属性。自主发展，重在强调能有效管理自己的学习和生活，认识和发现自我价值，发掘自身潜力，有效应对复杂多变的环境，成就出彩人生，发展成为有明确人生方向、有生活品质的人。

（1）学会学习。主要是学生在学习意识形成、学习方式方法选择、学习进程评估调控、学习过程和成效等方面的综合表现。具体包括乐学善学、勤于反思、信息意识等基本要点。

（2）健康生活。主要是学生在认识自我、发展身心、规划人生等方面的综合表现。具体包括珍爱生命、健全人格、自我管理等基本要点。

3. 社会参与

社会性是人的本质属性。社会参与，重在强调能处理好自我与社会的关系，遵守和履行现代公民所必需的道德准则和行为规范，增强社会责任感，提升创新精神和实践能力，促进个人价值实现，推动社会发展进步，发展成为有理想信念、敢于担当的人。

（1）责任担当。主要是学生在处理与社会、国家、国际等关系方面所形成的情感态度、价值取向和行为方式。具体包括社会责任、国家认同、国际理解等基本要点。

（2）实践创新。主要是学生在日常活动、问题解决、适应挑战等方面所形成的实践能力、创新意识和行为表现。具体包括劳动意识、问题解决、技术应用等基本要点。

（二）学科核心素养

核心素养作为一个宏观概念，必须分解为学科核心素养，才能在各个学科落地。学科核心素养是学习者在该学科的学习过程中养成的具有学科特点的、比较稳定的品格。科学学科核心素养是学习者进行科学学习过程中必备的基础知识、基本技术、基本能力、科学的世界观以及态度与方法等。同时，科学学科核心素养又是学习者在接受科学教育的过程中逐步形成的适应个人终身发展和社会发展的必备品格和关键能力，主要包括：科学观念、科学思维、科学实践、态度与责任四个方面（图1–4–2）。科学学科核心素养具体表现在学习者解决问题的能力上。例如：获取科学观念的思路、方法；制订计划、收集证据；对科学现象进行解释；基于一些经验事实概括出合理的模型；具有质疑精神，能够设计制作作品并检验修正；尊重科学，反对迷信，珍爱生命；等等。

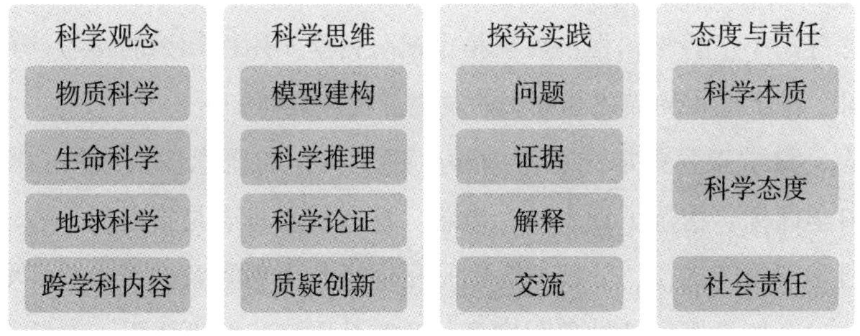

图1–4–2

科学观念：是人类对自然现象的归纳总结，是科学学科知识和规律等在头脑中的提炼和升华，是运用科学知识和方法解释自然现象和解决实际问题的能力。它是其他素养的重要基础，特别强调学生对13个核心概念和4个跨学科概念的深度理解以及灵活应用。

科学思维：是从科学视角认识客观事物本质、内在规律及相互关系的方式，是重要的核心素养。具体表现为学生理解适应现代社会发展的核心思维方式，在生活各个领域中遇到问题后自主学习并解决问题的能力，包括对科学中的基础理论、理想模型和经验事实之间关系的理解，是分析综合、抽象概括、推理论证等科学思路方法的内化，是基于事实证据和科学推理对不同观点和结论提出质疑、批判，进而提出创造性见解的能力与品质，等等。

探究实践：是指具有科学探究的意识，能在真实情境中提出科学问题，形成猜测和假设，利用科学方法获取和处理信息、形成结论，以及对实验探究过程和结果进行交流、评估、反思的能力。

态度与责任：指在认识科学本质、理解科学、技术、社会、环境关系的基础上形成的对科学和技术应有的正确态度以及责任心，具有学习科学和探索自然的内在动力，严谨认真、实事求是和持之以恒的探索精神，独立思考、敢于质疑和善于反思的创新精神，以及保护环境、推动可持续发展的责任感。

深度学习的核心目的是加强对科学观念的深度理解和变式运用，培养出具有科学思维、能够自主进行探究实践的学生，提升学生态度和责任感。在教育领域，关于科学观念的旧式表述有几种方式：科学知识、科学原理、科学知识的应用、核心概念、关键概念、科学实践、大概念等。在《科学课标》中，其内涵指科学学科知识体系中最核心、最关键的大概念部分，包括知识、原理和上升概念等。小学科学课程不再只是重视对科学实用性知识的学习，转而注重科学现象、科学事实的描述和知识的发生过程。具体如下：

首先，科学教育更加注重帮助学生建立科学的概念体系或核心概念。例如，《科学课标》精选了13个核心概念。这些核心概念是指适用于一定范围内产生的科学现象的规律，分解概念则是指用于特定观察条件或实验环境下的小概念。这13个核心概念的抽象程度高、适应范围广、解释力强，对整个中小学阶段学习科学观念具有统领作用。

其次，注重跨学科领域的知识学习。课程设置内有4个跨学科概念，加强了学科与学科之间的联系，学生在学习核心概念的过程中理解跨学科的概念，领会实际问题往往是通过学科融合共同解决的。

再次，强调工程和技术，在传统学科外增加工程与技术科学，引入STEM思想（多学科解决问题的思维）。

最后，增加了在科学教育实践中，引导学生理解科学的本质。由于科学本质具备较高的抽象性，故小学生理解科学本质应首先从易于接受的——对知识准确性的认识入手，知道科学知识在一定阶段是正确的，随着新证据的增加，会不断完善和发展；其次认识知识的可靠性，了解科学知识的本质特点是实证和可重复性；最后认识知识是协商的结果，科学知识是“科学家共同体”在经过严格论证之后共同认可的解释。

（三）深度学习与核心素养

《科学课标》以面向全体学生，立足核心素养发展为课程目标。课程目标的新表述，必然需要新的教学理念来实施和落实。深度学习的核心理念和价值追求，与新课程标准的理念是契合的。

深度学习以培养学生的核心素养为根本追求。只需简单记忆和机械应用的工作，是不需要深度学习的。在不断变化的新时代，信息极大丰富、问题纷繁复杂，需要人们能够批判性地思考和解决问题，具备有效的沟通能力、良好的合作能力、科学的思维方式，即需要具备核心素养。而这些核心素养的获得，需要深度学习的支撑。

深度学习是培养学生核心素养的重要路径。深度学习不同于接受式学习，它强调学生对知识的理解、生成与建构。深度学习注重学生在学习过程中将已有的个体经验积极调动起来，促进个体经验与所学知识之间的有机联结，在知识的学习过程中生成经验，建构知识体系，从而实现核心素养的培养。

深度学习本身也体现了学生的核心素养。学生发展核心素养是深度学习的重要旨归。深度学习不同于浅表式学习，它强调学生的学习是由内在动机所诱发，是学生兴趣所致，其目的在于提升学生的学习力，使学生形成积极情感，并获得价值认知、辨别和判断能力，指向学习者核心素养的形成，为学生更好地促进自我发展和适应社会变革奠定基础。深度学习是蕴含知识、能力、思维、辨别、判断的一种学习方式，深度学习的过程伴随着决策、甄别、审慎、反思、批判等思维。

四、选择持续关注的评价方式

小学科学深度学习的目标具有层次性，包括单元整体学习目标和具体课时目标，并以核心素养的培养为重点。[①]单元整体学习目标是通过一个个课时逐步实现的，需要整体考虑、整体规划与实施，持续性的学习评价也很重要。持续性评价能够对学习目标的达成进行及时的、连续的监控，以此反馈学习的效果，便于及时调整学习的进程，因此持续性评价应以单元整体的学习目标为基本依据，以进阶式课时的具体学习目标为出发点设计进阶式的评价。

① 刘月霞，郭华. 深度学习：走向核心素养［M］. 北京：教育教学出版社，2018.

第五节　开展小学科学深度学习的意义和价值

踏入21世纪后，随着政治、经济、科技的高速发展，社会的变化变得不可预知。各国教育共同面临的巨大挑战是“如何让现在的孩子适应未来，适应社会快速变化的节奏”，这就要求培养全面发展的人才，这类人才具有终身学习的能力，可以不断接受新的事物，快速适应社会的变化。

课程改革能够实现课程功能的转变，进而大大推进教育改革，可以说是教育改革的核心。2014年，国家以全面深化课程改革作为新时代落实立德树人根本任务的标志性工程，组织研究中国学生发展核心素养框架体系，把培育学生核心素养作为基础教育课程改革的目标追求。新时期教育的最终育人目标是以培养“全面发展的人”为根本出发点和最终归宿，即培养个体的核心素养。为实现这一目标，教育必须发生根本性的变革，学生的学习方式必须从浅层转入深层，教师的教法也必须做出相应的调整，从而实现课程功能的转变。在此大势之下，“深度学习”教学理念应运而生。

深度学习以培养学生核心素养为根本追求。大量研究表明，在迅速变化的世界中取得职业和社会生活成功的关键，就是要拥有远大的志向和坚强的意志、批判性思维和问题解决能力、有效沟通和写作能力以及科学思维、学习策略等，也就是所谓的“核心素养”。深度学习强调学生在一定社会环境下，使旧知与环境事物和人产生交互，协作解决问题的活动过程，从而支撑核心素养的获得。

一、深度学习是立德树人的重要途径

教育是国家大计，也是民生之基。建设教育强国是一项系统工程，其中的关键是落实立德树人根本任务。只有把立德树人贯彻到教育事业发展的各领域、各方面、各环节，做到以树人为核心、以立德为根本，培养社会主义建设者和接班人，才能真正建成教育强国。

深度学习，简单地说，深度学习要聚焦在培养能够解决问题的人，强调学生是学习的主体。教师只是学生学习的领路人，通过创设情境引导学生聚焦、探究、研讨、迁移等，帮助学生经历知识发生过程；学生需要全身心投入教学活动中去理解、领会、批判、体验、感受，不仅要理解文字符号所传达的内容与意义，更要对学习的内容进行深度加工，成为知识发现的参与者而不是旁观者。

深度学习的意义在于，通过学习让学生“参与”人类已有的社会实践，使得人类历史与学生息息相关，使学生能够在历史中展望未来，成为创造未来的社会实践主体。在学习的过程中，学生不仅要学习知识、掌握方法和技能，更要了解并认同知识背后所蕴含的情感态度与价值观，提升文化水平与精神境界，成为具有高级社会情感、积极的态度以及正确的价值观，有社会责任感，勇于担当的未来社会的主人。①

二、深度学习是实施课堂变革的重要举措

课改已经开展了十几年，课堂教学发生了巨大的变化。“满堂灌”和“一言堂”的传统课堂已渐行渐远，教师更加注重合作学习、小组讨论等现代教学方法的运用，而学生在这些课堂上也呈现出与以往全然不同的新面貌，积极性也越来越高，学生在这种课堂学习中学会了思考，学会了质疑，学会了批评，形成了主动学习、主动参与的精神。但在一些学校中，这样的课堂只是存在于公开课的理想状态，在深入真实的课堂现实中，依然存在着教师成为教学主

① 刘月霞，郭华. 深度学习：走向核心素养［M］. 北京：教育科学出版社，2018.

体，抢占课堂话语权，忽略学生在教学过程中的参与度，学生重回被动的知识接收器的状态。教师对新型学习方式的内涵、原理、实施策略等方面理解不到位，使得“自主、合作、探究”等学习方式在实施过程中出现了许多问题。在合作性与探究性的教室里，学生忙碌于使用各种“工具”，进行“自由”的沟通，忽略了学习活动要解决的核心问题，停留在对过程和程序性步骤的浅层认识上。“自主、合作、探究”等学习方式的改变并没有体现出课程育人目标所强调的自主学习的能力、团队合作的意识、科学探究的精神，仅仅只是借用探究的“外壳”使学生记忆知识的愉悦程度得到提升。探究活动变得只剩躯壳，课上课下的探究都只关注了外在形式，忽视了探究实践活动的精神实质。这样浅层的学习仅使学生记住了知识、认识了情感、了解了价值观，达不到知识的内化、能力的提升，没有使学生真探究、真体验、真理解、真感悟、真内化和真践行。

安富海学者在文章中提出上述那样基于简单记忆和重复训练的浅层学习对于促进学生理解知识、建构意义、解决问题等能力的发展有很大的局限。① 捷克教育家夸美纽斯在《大教学论》中提到“寻求并找出一种教学的方法，使教师因此可以少教，学生可以多学”。陶行知先生也提倡教师“把教和学结合起来，让学生学会自己学习”。为了避免课程改革流于形式，使学生全面的发展，提高学生学习的主动性和创造性，引导学生真正学会学习，小学科学课堂教学有必要走向深度。小学科学深度学习应立足于促进学生核心素养提升的课堂改革，深度学习的教学设计应以教师对科学学科本质的理解为基础，熟“读”儿童，谙习儿童认知发展规律，灵活运用儿童教育学、心理学的知识，对课堂进行整体规划，并在此基础上，设计有效的教学活动环节，引导学生全身心投入课堂学习活动，引发学生深度思考和有意义的建构。

三、深度学习是促进教师专业发展的重要途径

小学科学深度学习的设计与实施为教师提供了课堂变革的基本思路和原

① 安富海.促进深度学习的课堂教学策略研究［J］.课程·教材·教法，2014（11）：57-62.

则，有助于提高教师的专业素养，使教师能够独立地、创造性地设计和实施每一次课堂教学，是教师专业发展的重要途径。小学科学深度学习强调大单元学习，强调教师对同一大概念下不同课时的整体规划。教师的教学要打开视野，从更高的层次看学习内容，梳理好学科核心素养与学科核心内容之间的关系，整体上对学习目标、学科内容以及教学活动进行系统全面的理解和把握，从而对教学内容进行二次开发，创造性地设计教学活动。在开展深度学习的过程中，教师加深了对学科本质的认识，提高了对学生学习过程的理解。这一过程提高了教师教学设计与实施的能力，促进了教学方式的变革，从而促进了教师的专业发展。

第二章

小学科学深度学习的教学设计

教学设计是发生在课堂中的一项系统工程，教师要对课堂中的要素进行有机整合，从而促进学习者的深度学习。基于深度学习的小学科学教学设计需要以深度学习的理念重新审视小学科学课堂的教学目标、教学内容、教学方法和教学策略、教学评价等。

第一节 什么是小学科学深度学习的教学设计

一、深度学习与教学设计

教学设计主要是为了促进学习者的学习，运用系统方法，将学习理论与教学理论的原理转换成教学目标、教学内容、教学方法和教学策略、教学评价等的具体计划，创设教与学的系统“过程”或“程序”。[①]从深度学习的定义中，我们可以发现，深度学习的教学有以下几个特点：

1. 突出学生的主体性

学习的过程中学生作为活动的主体，与学科核心知识、学科本质与思想方法进行互动，在互动中建构意义，形成关键能力和必备品格。

2. 强调教师的主导性

深度学习绝不是学生个体独立的学习，也不是学生个体的自学过程，它需要教师的引导作用，需要教师对学习资料、学习环境、学习者与学习目标、学习内容进行有效的整合与统筹，从而帮助学生达到较好的学习结果。

3. 明确的学习目标

深度学习“深”在学生的获得上，学生的学习不仅包括知识的获得，还包括学科核心思想的获得，以及一切非认知因素的培育，如学习动机、高级的社会性情感、积极的态度、正确的价值观、独立性、批判性、创造性、合作精神等。

① 何克抗，郑永柏，谢幼如. 教学系统设计［M］. 北京：北京师范大学出版社，2002.

4. 注重生本的教学方式

教学方法千千万万，而深度学习的教学从学生的学习心理出发，根据个体学习的规律出发，强调学习的体验性、意义感。聚焦学习主体的真实感受，将客观的知识内容与学习者建立联系，从而促进学习者走近知识，拥抱知识。

二、基于深度学习的小学科学教学设计要素

基于深度学习和教学设计内在的逻辑，有学者提出了深度学习视域下的教学设计要素（图2-1-1）。深度学习理念下的小学科学教学设计可以从环境要素、教学要素和目标实现三个方面入手。环境要素是前提，教学要素是关键，目标实现是核心。

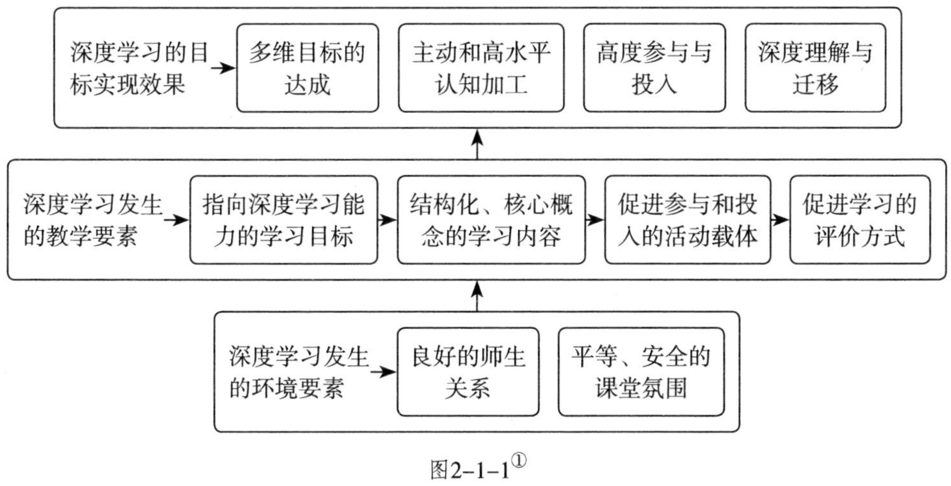

图2-1-1①

首先，深度学习的发生要有良好的人文环境，以为学生学习的深度发展提供沃土。理想的环境要素包括良好的师生关系和平等、安全的课堂氛围。

其次，深度学习发生的教学要素，即围绕教学的“目标—内容—活动—评价”的四大要素有：指向深度学习能力的学习目标，结构化、核心概念的学习内容，促进参与和投入的活动载体，促进学习的评价方式。四个要素内在逻辑

① 卜彩丽. 深度学习视域下翻转课堂教学理论与实践研究［D］. 西安：陕西师范大学，2018.

一致，一以贯之，达到教—学—评一致。

最后，关于深度学习的实现效果，包括多维目标的达成、主动和高水平认知加工、高度参与与投入、深度理解与迁移。

（一）环境要素

有这么一则笑话。课堂上老师提问："地球为什么歪着转？"没有人举手回答，老师点一学生名字，学生怯怯地回答道："老师，不是我干的！"虽然这是一则笑话，但是类似的师生互动在课堂中却很常见。老师问一个问题，学生鸦雀无声，没有人举手，甚至害怕被老师叫起来回答问题。这在某种程度上反映了课堂的氛围和师生的关系。

如果学生处于害怕在课堂上犯错的状态，他们就不会在课堂上大胆自信地展现自己的想法，就很难全神贯注地思考课堂问题，更不敢去质疑、批判地想问题。

脑科学研究表明，个体接收到的信息可以分为三类：影响生存的信息、产生情绪的信息和新学习的信息。当信息进入大脑，进行工作记忆加工时，影响个体生存和情绪的信息要比新认知学习的信息被更优先加工（图2-1-2）。同时，人对学习情境的"感觉"会决定其投入注意力的程度。

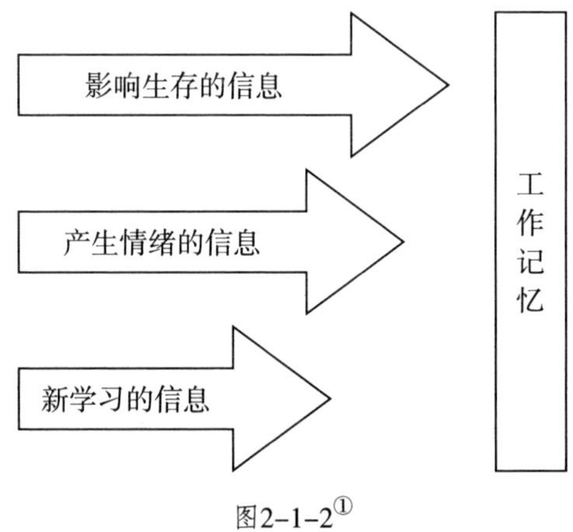

图2-1-2[①]

① SOUSADA. 脑与学习［M］．"认知神经科学与学习"国家重点实验室，脑与教育应用研究中心，译. 北京：中国轻工业出版社，2005.

如果课堂氛围不是一种安全的心理环境，学生的注意力就很难全部投放在认知上。换言之，当个体处于不安全的心理环境中，个体的关注点更多停留在影响其生存和情感情绪的信息处理上。

在良好的心理安全环境中，教师与学生之间、学生与学生之间的关系是人与人之间的平等关系，是亲密互赖的关系，是相互支持认可的关系。只有在这种环境中，学生才能自信大方地呈现真实的自己，才能将认知聚焦在问题的深度思考上，才能与教师、同学在互动中建构意义。

（二）教学要素

深度学习视域下的教学设计路径构建，围绕教学设计的基本要素，分别从目标、情境（内容）、活动和评价四个方面细化教学设计，生成深度学习视域下的教学设计路径。

1. 目标：指向思维能力发展

小学科学教学的终极目标指向学生的科学核心素养。根据2022年最新发布的《科学课标》，科学课程的核心素养包括科学观念、科学思维、探究实践、责任态度四个方面。

科学观念是科学概念，包括物质科学、生命科学、地球与宇宙、技术与工程领域的核心概念，还包括对科学本质的认识。

科学思维强调个体从科学的视角认识客观事物的方式，如建构模型、推理论证等思维方式。

探究实践是科学学科的关键属性，强调学习的过程与方法，还原科学知识获得路径，让学生亲历科学发现过程。

责任态度是学习过程和结果的品质体现。体现为对事物保持好奇心和探究热情，勇于、乐于探究与实践；基于实证大胆自信地表达自己的想法，敢于创新；善于与他人合作，愿意与他人分享；有社会责任感，能用科学的态度客观认识与看待社会性议题；遵守科学技术应用中的公共规范、法律法规和伦理道德等。

课程标准已为教师指明了学科深度学习的目标，教师需要在此基础上细化每一单元、每一课时的教学目标，指向学生的学科核心素养发展（图2–1–3）。

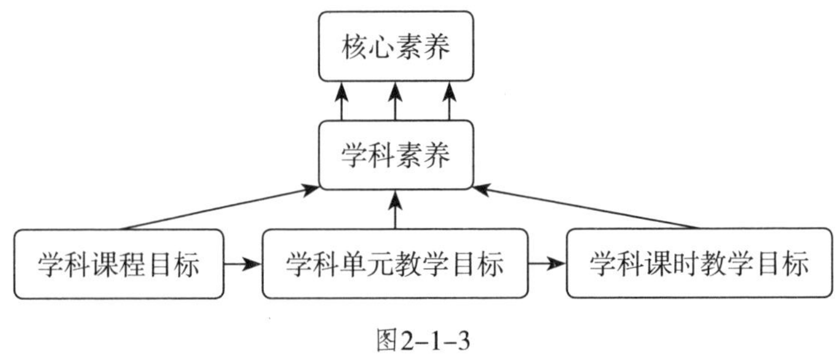

图2–1–3

2. 情境：具有挑战性的真实问题情境

核心概念的学习包括两个部分：第一个是必须将事实性知识置于学习者的概念框架中；第二个是概念被各种丰富的有代表性的事实细节展现出来。[①]代表性的事实细节往往附着于具体的情境。

学生的已有知识经验有一大部分来源于日常生活。概念性知识的学习依赖学生主动参与的学习经历和生活经验。情境是联结学生经验和将要学习的概念性知识的重要手段。

好的教学情境要有以下三个特点：

（1）情境要具有挑战性

若情境过于简单，学生不屑参与，无法激起学生学习兴趣；若情境过于复杂，学生难以理解，会陷入情境的认知负荷中。好的情境，处于学生最近发展区，让学生能理解，但是需要一定的认知加工才能获取结果。例如，在案例1中，学生在前期已知道如何通过气球和橡皮筋让小车动起来，并且在课余会自发进行赛车，但是对于这些知识如何整合，如何进一步加工，还需要教师引导。为此教师开展“班级赛车”活动，引导学生将所学的方法和科学概念综合应用，学生参与兴趣高昂。

【案例】教科版四年级上册《运动和力》

上节课后，同学们自发地进行小车比赛。这节课我们就开展一场官方的

① 张颖之，刘恩山. 核心概念在理科教学中的地位和作用——从记忆事实向理解概念的转变［J］. 教育学报，2010，6（1）：57-61.

“班级赛车”。

材料：四轮小车、气球、橡皮筋、斜面、正方形木头。

步骤：

1. 每个小组有5分钟时间讨论比赛方案，并完成方案记录。

2. 每个小组有10分钟时间组装材料，并测试。

3. 小车比赛共进行3轮，以3次滑行的平均距离为比赛成绩。

4. 裁判记录每次比赛距离。

5. 全班公示比赛结果，并公布比赛前三名。

6. 获胜小组分享“秘诀”。

（2）情境要真实

好的情境来源于现实生活，又能高于现实生活。老师能够从中提炼出核心问题，引导学生思考。比如案例2，在学习“磁铁能产生磁力”一课时，该情境是某一学生在生活中确实遇到的，老师将其加工，通过以下故事情境引入，引发学生认识与思考磁铁、磁力概念。

【案例】教科版二年级下册《磁铁》

爸爸在家修理台灯，不小心把一个螺母弄掉了，螺母滚到了沙发下面。糟糕！爸爸用手也够不着。这时，妍妍想到了一个办法，她从玩具箱里拿出了一块磁铁交给爸爸。爸爸拿着磁铁去吸螺母，螺母乖乖地被吸过来了。爸爸直夸妍妍“真聪明”。

思考问题：磁铁为什么能吸引螺母？磁铁能吸引哪些物体？

（3）情境要给予学生思考空间

情境要引发学生思考，而不是对事实进行陈述。对客观世界的好奇是人类与生俱来的本能，基础教育阶段的学生对世界充满了好奇，因此在教学中要充分利用学生这一心理特点。在提供情境时，为学生的猜想预留空间，或者为学生思考提供发声的渠道。在案例3中，学生对于家里用到的木制餐桌来源的好奇，能够很好地激发其思考自然资源的相关问题。

【案例】二年级“自然资源”

晚饭后，琪琪帮爸爸妈妈收拾桌子上的碗筷，细心的她发现，桌子上的纹路看起来像树木的年轮。她不禁想：这张桌子难道就是由树木“变”成的？我们日常使用的工具、能源又是来自大自然的哪一部分呢?

3. 活动：触发思维活动的问题探究活动

顾明远先生说，学生成长在活动中。教育是一种教学实践活动，学生的学习应该回归情境中的活动，教师应围绕特定情境中的问题组织学习活动，包括探究、实验、头脑风暴、小组合作、分析、讨论等指向学生思维的高阶活动。

深度学习围绕学科核心内容组织探究学习活动，追求学生高阶思维能力和问题解决能力培养。[①]激发学生思维活动的方式是有效的提问，其能引发学生对信息进行比较、分析、概括、应用、综合和评估等深层加工处理。

激发高阶思维的提问有：

（1）你可以说出……和……之间的差异吗？（比较）

（2）当这些发生的时候，你想知道什么？（分析）

（3）如果真是这样，接下来可能发生什么？（分析）

（4）接下来我们要做什么？我们在哪里可以得到帮助？（分析）

（5）我们可以相信这些材料的来源吗？（分析）

（6）通过以上实验，你有什么发现？（概括）

（7）这些事实证据告诉我们什么？（概括）

（8）这个问题与……的差距在哪里？你能举个例子吗？（理解）

（9）还有其他的办法吗？你如何检验这个理论呢？（应用）

（10）你会怎么做？为什么你会认为这是最好的选择？（应用）

（11）你可以想出多少种可行的办法？（综合）

（12）你同意他的观点吗？为什么或为什么不？（评估）

（13）你可以提取出最重要的观点吗？（评估）

4. 评价：关注思维能力发展的评价

根据林崇德的思维三棱结构，思维能力包括思维的过程、思维的监控和思维的非认知因素。思维过程指的是思维活动的加工过程，包括分析、综合、概

① 马云鹏. 深度学习的理解与实践模式：以小学数学学科为例［J］. 课程·教材·教法，2017，37（4）：60-67.

括、比较、归类等系列思维活动。思维监控注重学生对自身思维活动过程的主动反思与批判。思维的非认知因素从情感、动机、态度等方面完善思维能力的发展。

深度学习关注的是学生高阶思维的发生和问题解决能力的培养。指向深度学习的评价需要从思维过程、思维监控和思维非认知因素三个方面设计评价工具和方法。比如，除了对学生知识的检测，更要引导学生注意自主思维过程，用思维导图、出声思维等方式引导学生将思维过程外显，同时为学生创造展示的舞台、高光时刻、激励机制，利用学生的思维非认知因素促进其思维的发展。

（三）目标实现

深度学习的多维目标实现包括：多维目标的达成、主动和高水平认知加工、高度参与与投入、深度理解与迁移。

美国地平线研究组（Horizon Research Team）主席维斯（Weiss）及高级研究助理帕斯利（Pasley）经过了18个月的观察，对364节课进行详细分析，发现优质课堂主要有以下几个特征：①在课堂教学过程中，教师善用多种策略（如展现真实世界中的实例，为学生提供一手经验等），为某个科学概念提供清晰的阐释。②吸引学生从事动脑筋的活动。③帮助学生理解学科的核心概念等。

策略的使用、活动的设计、核心概念的理解，这些优质课堂的特征正是深度学习所要达到的目标。目标实现是评价的内容，也是评价的导向。对目标实现进一步细化，可构建出以学生为主体的深度学习的课堂评价指标，见表2–1–1。

表2–1–1

一级指标	二级指标
多维目标达成	教学四个维度目标是否实现（科学观念/科学思维/探究实践/责任态度） 教学四个维度目标实现效果如何（好/一般/有待改进）
主动和高水平认知加工	教师的提问是否引起学生思考或讨论 教师的有效提问情况（好/一般/有待改进） 大部分学生通过学习后能清晰表达想法 大部分学生通过学习后能表达出本节课核心概念

续 表

一级指标	二级指标
高度参与与投入	课堂上大部分学生愿意参与活动 课堂上学生参与率（80%以上/50%～80%/50%以下） 课堂上学生活动与表达时间（25分钟以上/15～25分钟/15分钟以下）
深度理解与迁移	课堂提问和练习中，大部分学生思考正确 课堂上大部分学生能将学习内容与生活实际联系起来 课堂上大部分学生愿意进行课后拓展活动

第二节　如何进行小学科学深度学习的教学设计

一、指向深度学习的小学科学教学设计

教学的根本问题是外部知识如何被学生获得、占有并转化成为学生个体的内在力量和精神财富的问题。[①]教学中如何缩短学生的认识与人类知识的差距，北京师范大学郭华教授提出了“两次倒转”教学机制（“倒过来”与“转回去”），旨在解决二者之间的差距，指向学生的深度学习。我们以小学科学《声音的产生》为例，从“两次倒转”教学机制中探讨知识发生的路径与实施策略。

（一）“倒过来”：教师从知识的终点回望知识发生过程

“一个时代科学研究的终点，就是那一个时代教学的起点。”[②]学生所学的大概念、核心概念是人类经历漫长的探究精炼总结出来的。在教学前，我们需明晰所要学习的科学核心概念、学生的认识（即科学前概念）这二者之间的差距。

立足科学知识体系，回望知识产生的源头。“倒过来”是指学生的学习直接从人类知识的终点开始，这与人类最初发现知识的过程完全相反。学生所学习的知识是人类认识过程的结晶，这种高起点的认识过程，让学生跨越漫长曲

① 郭华. 带领学生进入历史：“两次倒转”教学机制的理论意义［J］. 北京大学教育评论，2016（2）：8-26.

② 王策三. 教学认识论［M］. 北京：北京师范大学出版社，2002.

折的试错摸索，直接面对抽象、概括的认识成果。“倒过来”帮助我们在短时间内掌握人类智慧的结晶，它高效、安全、结构化且系统，它让我们“站在巨人的肩膀上”。“倒过来”的教学让教师明确了学科知识体系，明确了教学的内容和方向。对于知识产生的源头，我们已经有大量丰富的经验凝结在课程标准或学科逻辑体系中。

立足科学课程标准，解构科学核心概念。在课程标准中，将声音产生的核心概念解析为“物体振动产生声音”。该核心概念中有两个关键词：物体、振动。理解这两个关键词是理解该核心概念的关键。第一个关键词：物体。什么样的物体？是所有的物体吗？包括所有形态的物体吗？在小学阶段，我们将该概念中的物体界定为固态物体、液态物体、气态物体三种状态的物体。由此，在教学活动设计中，便要考虑为学生提供三种形态的物体发声，丰富学生对发声物体概念的认知。其中固态物体最常见，学生会用钢尺、铅笔、书本等身边的物品发出声音；液态物体可以准备常见的水；气态物体可以以空气为例。第二个关键词：振动。理解难度较大。什么样的状态称为“振动”？教材上对“振动”的状态表述为：物体往返重复的运动。

明确了两个关键词的内涵后，需要进一步分析两个关键词的关系。物体是声音产生的主体，物体必须产生振动才能产生声音。若物体不产生振动，如按压，物体也很难产生声音。所以这两个关键词有内在的逻辑联系：物体是基础，振动是必然结果。

立足学生认识现状，获取学生科学前概念。奥萨贝尔说：“如果我不得不将教育心理还原为一条原理的话，我将会说，影响学习最重要的因素是学生已经知道了什么，我们应当根据学生原有的知识状况进行教学。”学生的科学前概念会影响其正确概念的理解。明晰学生的科学前概念是课堂教学有效的前提。在“声音的产生”主题中，由于具体思维优于形象思维，学生更易于理解固体与液体产生声音的过程，却难以理解肉眼不易见的气体产生声音的过程。学生存在的科学前概念有如下三个：一是声音是物体受力产生的；二是只要物体受力就会产生声音；三是只有固体和液体会产生。对比正确的科学概念，学生对于“声音的产生”概念理解存在条件式缺失。[①]因此教师在进行教学设计的时候需要立足学生，从学生的前概念出发进行设计。

（二）“转回去”：学生从知识的起点亲历知识的形成

“倒过来”为教师明确了知识发生过程中学科逻辑知识与儿童经验之间的关系与张力，为教师设计教学活动提供了重要的依据。在教学实践活动中，教师作为引导者，需要在40分钟内通过让其亲历科学家探究的经历把学生从“原始”状态指引到“人类智慧的结晶”。由此，需要将一个个关键性的教学活动有机整合，帮助学生自主完成知识概念的建构（图2–2–1）。

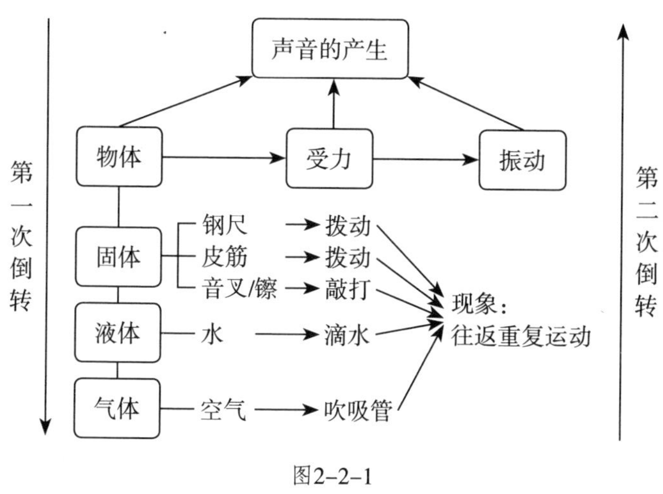

图2–2–1

1. 从学生的感知出发：理解“振动”

活动一：制造声音。学生对声音很熟悉，从学生的经验出发，请学生制造出声音，教师请学生思考：你是如何制造出声音？声音是如何产生的？

由此引出学生对声音的科学前概念，为科学概念的转变提供切入点。学生大部分能说出“声音是由物体振动产生”。但是对于什么是振动，学生未必理解。教师请学生观察钢尺和橡皮筋振动的状态，然后通过手臂的摆动表达出振

① 郭建华，王福玉，李伟臣.《声音的产生》案例研究［J］. 湖北教育（科学课），2017（1）：10–13.

动状态。学生用手臂做出重复往返运动，由此对“振动”概念达成了共识，为下一个关键词的拆解提供了探究的前提保障。

2. 初步建立概念：物体受力振动产生声音

活动二：物体振动产生声音。为了建立受力与振动的关系，实验特地选择了典型的材料：音叉和镲。二者有一个共同特点：敲打后，物体仍然在振动产生声音，即将受力与振动两个概念进行时间上的剥离。按住正在振动的音叉或镲，声音马上停止。当已有认知图式（受力即产生声音）与正确的概念结构不相容时，学生的认知冲突产生了。[①]在此基础上，学生通过现象的观察与推理，很容易得出受力与振动之间不必然的关系，理解振动只是受力的一种状态。

3. 完善概念体系：液体和气体受力振动产生声音

活动三：水振动产生声音。学生最熟悉的液体是水。活动设计请学生用滴管从高处往水杯中滴水，聆听水滴落的声音，观察水杯中水的变化。水的振动速度很快，用肉眼很难观察到，由此教师可用慢镜头回放的方式，帮助学生观察水滴滴落后水杯中水的前后变化。由此很容易得出：水杯中的水产生了重复往返的运动。

活动四：气体振动产生声音。气体产生振动的理解难度在于将看不见的反应可视化。实证意识是重要的科学素养之一。基于现象深入本质，探析概念核心是循证重要步骤。活动中，我们请学生吹吸管，通过在吸管口贴纸条来可视化、夸张化实验现象。[②]通过观察纸条的变化，学生能够说出振动产生了声音。但是是因为吸管的振动产生了声音，还是因为空气的振动产生了声音，需要教师通过正例和反例来论证，帮助学生进一步明晰概念的内涵与外延。

教师可以提问：如果是吸管振动产生的声音，那么我们握住吸管，不让吸管振动，试试是否还会发出声音？

为了验证是空气的振动产生了声音，进一步设计可视化实验论证。教师提

① 郭华. 深度学习的关键是真正落实学生的主体地位［J］. 人民教育，2019（B）：55-58.

② 刘月霞，郭华. 深度学习：走向核心素养［M］. 北京：教育科学出版社，2018.

供一个气球，请学生握住气球，另一名学生靠近但不接触气球吹吸管。询问握气球学生的感受。学生会感觉到手麻麻的，因为气球在振动。进一步追问，气球为什么会振动？因为空气振动的能量传递给气球。由此，学生对于气体受力振动产生声音建立认知概念图。

在活动中，教师引导学生将自己的经验与所学知识对接，消弭二者之间的差距，彻底掌握学科核心概念、提升个人经验。

“知识发生过程教学”指教师引导学生去揭示或感受知识发生的过程。简单地讲，就是再现知识的来龙去脉，揭示知识的本质与联系，这个过程凸显了学生作为学习个体的主体性，也离不开教师的主导，在活动与体验中，学生主动获得、占有知识并将其转化成个体的内在力量和精神财富。

（三）“两次倒转”教学机制下知识发生路径的教学展望

“两次倒转”机制下知识发生过程教学能简约地模拟知识最初被发现的过程。学习成熟稳定的知识结构是教学的目标之一，直接将人类已有认识成果作为教学内容，这是教学的优势所在，但也是教学的困难所在，由此也决定了“转回去”的必要。教学要从学生的已有经验、现有水平以及发展需要出发，采用多种方法与手段，让学生通过“简约地模拟知识最初被发现的过程”，“重新发现”知识。由此，“倒过来”与“转回去”实现了学生真正作为教学主体，主动、轻松而又彻底地进行知识的认识。

“两次倒转”机制下知识发生过程教学能揭示知识发生的前提或原因。“转回去”就是引导学生去揭示知识发生的前提或原因，感受知识形成的过程，明确知识扩充的经过以及向前拓展的方向，其关键在于揭示知识的本质、顺序与联系，符合学生认知知识的思维过程。

“两次倒转”机制下知识发生过程教学能通过体验活动过程来经历认识过程。人类认识的高起点引领着学生认识的发展，而学生的发展必然受限于其自身的身心特点。因此，就需要教师帮助学生将外在的教育要求转化为学生内在的学习需求，将外在于学生的客观知识转化为学生的学习活动对象。学生是“以全部的思想和精神去感受和体验学习活动的丰富复杂、细微精深，真切或模拟地去体验伴随活动而来的痛苦或欣喜的感觉经历”[①]，通过活动与体验来经历认识过程将更有助于学生对核心概念的理解。

二、小学科学中深度学习的特征

深度学习有五个特征：联想与结构、活动与体验、本质与变式、迁移与应用、价值与评价（图2-2-2）。判断小学科学教学设计是否达到学生的深度学习，可以参照这五个特征。

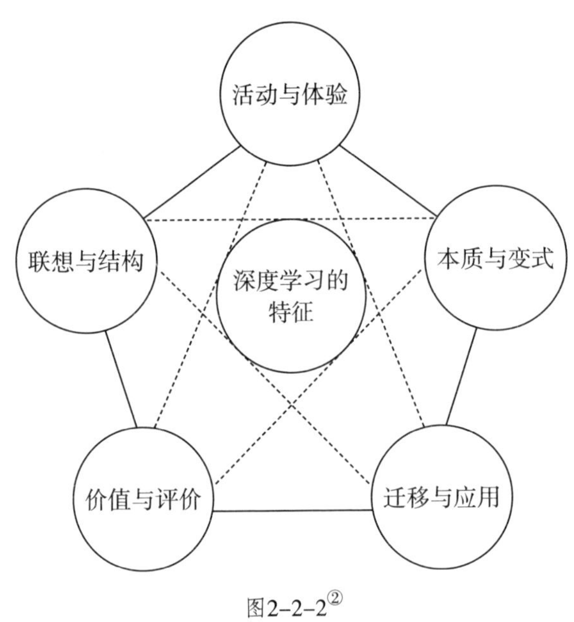

图2-2-2[②]

（一）联想与结构：经验与知识的相互转化

布鲁纳认为只有掌握学科的基本结构，才能明了学科的一般图景，弄清事物的相互关系。科学概念是对零碎客观事实的归纳概括。学生的认知是从感性到理性的过程，学习的目标是帮助学生的认知从零碎到结构化、从部分到系统。

① 郭华.深度学习的关键是真正落实学生的主体地位［J］.人民教育，2019（13）：55-58.

② 刘月霞，郭华.深度学习：走向核心素养［M］.北京：教育科学出版社，2018.

由于经验的参与，知识的学习有了生长的根基，能够将知识转化为与学生个体有关联的、能够操作和思考的内容（对象）；因为对知识的学习，经验成为自觉的、有意义的内容，成为沟通学生学习与人类认识发现的重要桥梁。

脑部扫描研究发现，当新学习信息确实可理解且与过去经验相联系时，脑区就会有更多的激活，对学习信息的保持也显著提高。当新学习信息容易被学习者理解，新信息存储效果较好；当新学习信息与过去经验有联系，但与过去经验联系不佳时，新信息存储效果一般；当新学习信息与过去经验没有联系，且不易被学习者理解，新信息存储效果最差。①

过去的经验常常影响新的学习。教师备课如果仅关注学习者对信息的理解，而忽略学生已有的经验，那么课堂教学效果会大打折扣。

小学科学教学设计中，对学生学情的有效分析即教学的关键一步。根据小学科学学科的特性，对学生进行学情分析可以对标科学四个核心素养：科学观念对应学生的科学前概念；科学思维对应学生的认知水平、思维品质等；探究实践对应学生的动手实践能力、合作意识、创新意识等；责任态度对应学生的兴趣态度、想法表达、责任承担等（表2-2-1）。

表2-2-1

科学核心素养	学情分析角度
科学观念	该单元、课时学生存在的科学前概念
科学思维	认知水平、思维品质等
探究实践	动手实践能力、合作意识、创新意识等
责任态度	兴趣态度、想法表达、责任承担等

【案例】《声音的产生》学情分析

1. 科学观念

在“声音的产生”主题中，学生存在的科学前概念有：

· 声音是物体在力的作用下产生的。

① SOUSADA. 脑与学习［M］.“认知神经科学与学习”国家重点实验室，脑与教育应用研究中心，译. 北京：中国轻工业出版社，2005.

· 只要物体在力的作用下就会产生声音。

· 只有固体和液体会发声。

附：《声音的产生》科学前概念探测问卷

声音的产生

一、下面哪些能发出声音，请在方框中打“√”

□吹笛子　□弹皮筋　□弹钢尺　□敲鼓

二、说一说声音是如何产生的？

三、你同意下面谁的观点？为什么？

2. 科学思维

借助探究固体与液体声音产生的过程理解声音产生的原因，了解固体、液体、气体均可以振动产生声音。

3. 探究实践

四年级的学生已经具备了一定的实验操作能力、观察与描述能力、总结归纳能力，在此基础上引导学生去认识物体发声的本质，是符合学生的认知规律的。

学生已有多次小组探究合作经验，小组探究中的分工、协调和研讨已自动化，只需要教师帮助学生厘清探究的目的，并提供完备的材料。

4. 责任态度

学生探究兴趣浓烈，探究后清晰准确表达观点的能力需要进一步培养。

（二）活动与体验：学生的学习机制

深度学习不是冷冰冰的理智活动，而是充满人文关怀的、有温度的、鲜活的教育实践。在这个过程中，学生需要动用多感官，调动情感情绪、提起精神、开动脑筋，真切或模拟地去体验伴随活动而来的痛苦或欣喜的感觉经历。

学习活动是深度学习的重要内容，也是学习发生的主要载体。深度学习的活动应具有以下四个特点：情境性、问题性、合作性、探究性。（图2–2–3）

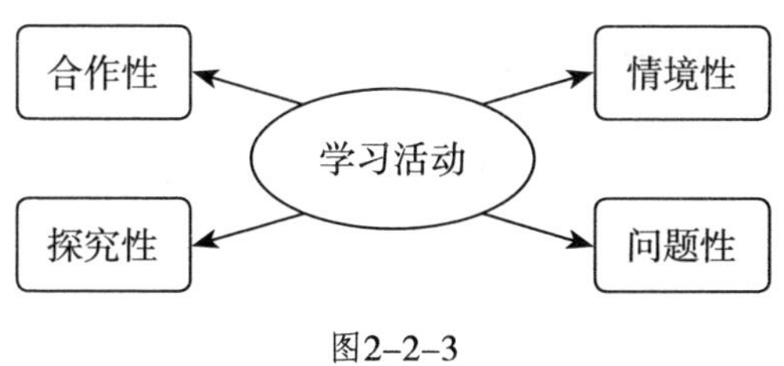

图2–2–3

在学习“蚯蚓”一课时，教师首先开展科学阅读活动，引导学生阅读《蚯蚓的日记》，利用表格，帮助学生梳理已经知道的、想知道的和要学的内容，由此为学生下一环节蚯蚓探究活动创设了情境、预设了探究的问题。在第二部分，为每个小组的学生准备若干蚯蚓、一杯水、一个放大镜、一个手电筒、若干棉签。在开放式的问题中，学生通过探究得到了不一样的发现。比如：蚯蚓全身很柔软、蚯蚓身体有一节一节的环、蚯蚓的头和尾巴长得一样、蚯蚓不怕水，等等。（图2–2–4）

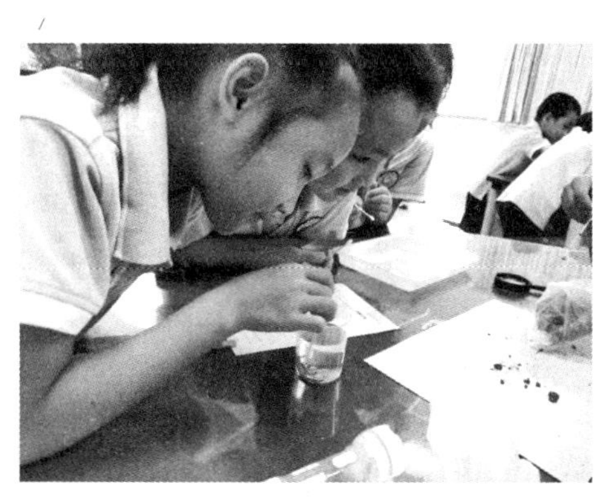

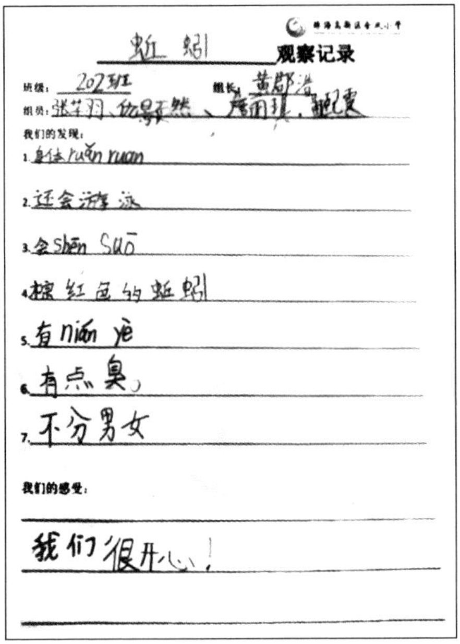

蚯蚓 观察记录

班级：202班

我们的发现：

1.身体ruǎn ruan

2.还会游泳

3.会shēn suō

4.棕红色的蚯蚓

5.有nián yè

6.有点臭。

7.不分男女

我们的感受：

我们很开心！

图2–2–4

（三）本质与变式：对学习对象进行深度加工

进行深度学习的学生能够抓住教学内容的本质属性、全面把握知识的内在联系，并能够由本质推出若干变式。通过恰当而典型的例子来呈现教学内容，是教师的重要工作之一。为了帮助学生把握知识的本质，教师在教学中除了提供学习内容的标准正例之外，还必须设计和提供丰富而具有典型意义的非标准正例甚至反例。当然，反例的提供必须在学生很好地理解了正例之后，以免造成思想混乱。

在《植物是“活”的吗？》（一年级）的学习中，部分学生认为“活”的东西是能动的，因为生活中看到的植物总是静态的，所以学生就认为植物不是“活”的。为此，教师展示他们做的水培记录、植物生长的延时视频和含羞草等例子，帮助学生修正概念认知，完善对植物本质属性的认识。

同样在学习“天气”时，根据珠海当地易出现的台风天气的情形，教师在台风天可以让学生观看新闻、观察台风天身边事物的变化，让学生收集并思考“台风对我们的影响”（图2–2–5），通过设置“好处”和“坏处”两个维度，引导学生思考问题、事物的全面性，从而更准确地构建认知体系。

台风对我们的影响

班级：204　姓名：周祺涵　日期：10月13日

天气	台风
好处	1. 给干旱的地区带来雨水。 2. 使个别地区温度得到调和。 3. 有利于渔业的发展。
坏处	1. 吹倒树木和房屋，对出行构成威胁。 2. 带来较强的降水，引发洪水。山体滑坡，泥石流等灾害。 3. 引起海水倒灌，淹没农田，房屋。

图2–2–5

（四）迁移与应用：在教学活动中模拟社会实践

“迁移”是经验的扩张与提升。“应用”是将内化的知识外显化、操作化的过程，也是间接经验直接化、将符号转为实体、从抽象到具体的过程，是知识活化的标志，也是学生学习成果的体现。

在“天气”单元的学习中，教师用“小小天气播报员”活动，创设了天气播报的情境，引导学生关注天气。对于天气的播报，学生自然会思考要播报哪些信息、如何播报，通过小组合作的机制，一起观察并记录一周的天气，最后为班级同学播报当周天气（图2–2–6）。同时，学校广播站每周一开设“气象”栏目，每班学生广播播报当周天气，将学生所学内容在多个场合进行实质性的应用。

203班

天气记录表

日期	星期五 10月8日	星期六 10月9日	星期日 10月10日	星期一 10月11日	星期二 10月12日	星期三 10月13日	星期四 10月14日
画出当天的天气	转	转	转	转	转	转	转
天气	小雨转大雨	小雨到中雨	大雨到阵雨	多云到多云	多云到中雨	阵雨到多云中雨	阵雨到阴
温度	24～28℃	24～28℃	23～28℃	21～26℃	21～26℃	24～21℃	23～29℃
注意事项	出门要带雨具。	出门要带雨具。	出门要带雨具。	出门要带外套。	出门要带外套。	注意防晒，出门要带雨具。	注意防晒，出门要带雨具。

图2-2-6

（五）价值与评价：“人”的成长的隐性要素

“价值与评价”并不是教学中一个独立的环节，它贯穿在教学的各个环节、各个阶段中。它在教学中能使学生自觉地思考所学知识在知识系统中的地位与作用、优势与不足、用途与局限，也能引导学生对所学知识及学习过程主动进行质疑、批判与评价。在小学科学的深度学习中，教师要巧妙地将价值与评价渗透在教学过程中。例如，在小组合作探究中，教师可以通过评价引导学生进行有效的合作，表扬小组成员的参与情况，表扬小组分工明确，表扬小组上台自信大方分享，鼓励勇于表达自己观点的同学（即便他的观点不一定正确）；为学生的科学活动参与设置奖项，设置学科高光时刻等。（图2-2-7）

课堂上鼓励学生合作发言

为学生设置高光时刻

图2–2–7

科学课堂上可立足科学学科素养，从学生的行为和意识中探寻促进学生成长的价值与评价契机，见表2–2–2。

表2–2–2

维度	价值与评价契机
科学观念	你的想法与科学家的想法很相似。 早期的科学家也是这么想的。 你们的问题很有价值，值得大家一起探讨。 你们的发现很有意思，能跟大家分享吗？
科学思维	你们为大家提供了一种很好的思考方法（如比较、分类、找异同、逆向思维等）。 你们勇于质疑老师，老师很欣赏你们。 有不同的想法，还能拿出证据反驳，这种品质值得大家学习。 你们用证据表达自己的观点，很有说服力。 你们有其他的发现，了不起。 即便有可能错误，你们也敢于表达自己的想法，为你们的勇气点赞。
探究实践	小组探究很融洽，没有你争我抢，表扬你们。 你们小组分工明确，每个人都参与活动，是合作学习的好榜样。 小组展示/汇报声音洪亮，观点清晰，是我们学习的榜样。 小组积极解决问题，不依赖老师，你们的探究能力很强。

续 表

维度	价值与评价契机
责任态度	你们遵守实验安全要求，老师很放心。 积极主动整理探究材料，你们有良好的科学探究习惯。 小组卫生整理干净，出乎老师意料。 当组员/其他小组遇到困难时，你们能主动帮忙，让人感动。 你们根据学习的内容，主动提出家庭实践，很有责任感。 能积极主动地参与科学课后活动，让老师感受到你们对科学的热爱。

第三节 小学科学深度学习教学设计的误区及应对策略

深度学习的教学设计需要革新以往的思维惯性，打破以往的思维定式，更要谨防进入误区。

误区一：深度学习不需要教师，主要是学生的自学

深度学习虽然强调学生的主体性，重视学生的自主探究、自主意义建构，但是这个过程需要教师的引导。教师的角色必须变得更加丰富。传统教学中，教师是知识的传授者，学生是听众。而在深度学习中，教师是平等中的首席，是课程的设计者、活动的组织者、材料的加工者、学习的引导者、活动结果的反馈者。学生能否有效进行深度学习与教师作为这些角色的践行有着直接联系。比如，为了让学生能沉浸式体验学习，教师要设计切合学生实际情况的学习活动，为班级学生量身定制活动单、分层作业或课后拓展活动。

我们提倡教师使用“教师活动”“学生活动”分列表撰写教案（表2–3–1），从而扭转教师主导或教师“一言堂”的教学设计。

表2–3–1

环节	教师活动	学生活动	设计意图
一、情境导入	1.谈话： 谈话点： （1）电对我们的生活很重要。 （2）电路也会出故障。 （3）介绍劳动者——电工。观看视频进一步了解电工工作	1.观看视频。 （视频时长1分45秒） 2.可能的回答： （1）没有联系。 （2）电路出故障了，我们也要像电工一样去	该环节通过讲解现实生活中电工工作的视频引入电工职业，并使电工的工作内容与本节课内容建立联系，进行

续 表

环节	教师活动	学生活动	设计意图
一、情境导入	（视频为电工的故障检查工作）。 2.深化情境，邀请学生参与 提问： 本课我们要学习的是《电路出故障了》，你们觉得这与电工的工作有什么联系？ 回应学生： 在连接电路的时候，我们会遇到小灯泡不亮的情况。这个时候一定是电路的什么地方出故障了，今天我们就来当“电工”。你们是“小电工”，老师是“电工黄师傅”。	维修。 （3）我们要跟电工学习。 （4）我们要当电工。	简易的职业模拟，让学生理解目前在做的事情也是一种劳动。

误区二：深度学习的活动一定是热热闹闹的活动

活动与体验是深度学习的重要特征之一，但是教学中有活动不代表发生了深度学习，教学中有体验也不代表进行了深度学习。

浅层学习关注学习者基础知识和基本技能的活动，从而偏向于被动接受、简单重复和机械记忆。而深度学习关注学习者高阶思维能力的发展，在学习过程中侧重学生的亲身体验，从而达到深层加工、深度理解、长期保持、知识建构、迁移应用及问题解决的目的。教育实践是一种活动，教育活动包括外显的活动和内隐的活动。深度学习的活动不局限于外显的活动，更加侧重学生的思维活动或心理活动。反之，如果教学中学生热热闹闹地参与了活动，体验了探究的所有过程，但是没有思维的加工，没有深层次的信息处理，这种学习就不能称为深度学习。

误区三：深度学习的活动越多越好

活动是围绕教学目标而定的。教学中活动的内容、种类和数量受目标、学情、教学内容、场地、课时、教学资源等因素影响。针对活动开展本身而言，活动必然有其自身的目的、规则和限制条件。课堂中过多的活动也可能分散教学目标，分散学生的注意力，引起学生的认知负荷。深度学习的活动要遵从“少而精”原则，让一个活动实现多个目标、“一箭多雕”的效果。

误区四：深度学习的教学设计常规课用不上，且耗时耗力

知识的生成不是单纯个体内部的事件，而是通过大量心智的、辩证的交互作用而建构的。以往的教学把知识看作单学科的、零散的、简单的、孤立的、不相关的事实或是浅显的问题，相应的教学遵从行为主义学习理论进行着单向且单一的输送。这种知识观和教学观指导下的教育教学显然无法满足培养未来人才的需求。革新以往的教学实践、探索新教学理论已不是一种个人选择，而是对每个教育工作者的要求。

深度学习的教学设计并不是教育领域的一时潮流，它让我们在教育4.0时代重新审视教师、学生、知识、教学、课程。理解它并践行它看似费时费力，但是一旦应用它后，教师会受益良多：首先，学生深度学习所获得的实质成长是教育工作者最大的内在奖赏。其次，深度学习的教学设计一旦领会，教师的教学就犹如打通了任督二脉，不再只知其然而不知其所以然，只见树木而不见森林。最后，深度学习所带来的教育价值观让教育工作者对教师这个职业永远保有新鲜感与热爱。

第三章

小学科学深度学习的教学范式

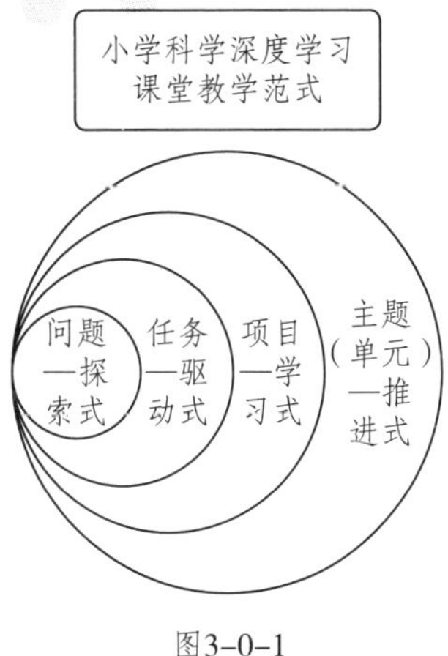

图3-0-1

课堂是育人的主渠道，是落实立德树人根本任务的重要途径，是全面培育学生核心素养、发展素质教育的基础工程。新时期基础教育改革的重要任务是培养学生的核心素养，而开展深度学习是落实核心素养的重要路径。小学科学深度学习课堂以“聚焦—探索—建构—迁移—评价”为实施路径，通过“问题—任务—项目—主题”对认知目标进行分层和进阶，构建指向深度学习的小学科学课堂教学范式：问题探索式、任务驱动式、项目学习式、主题推进式（图3-0-1）。

第一节　教学范式与深度学习

一、教学模式与范式

教学模式是指导教学活动有序进行的一种结构框架。它需要在教学思想、理论的指导下建立。在结构上和程序上，教学模式具有两方面的意义：一是在教学活动的程序上，强调有序性和可操作性；二是在教学活动的结构上，注重整体与各要素的关系，合理发挥各个要素的功能。

范式是一个共同体。在思想观念上，教学模式和范式是相同的。教学模式通常在操作的层面，而范式更侧重“方法论”的层面。范式比模式的外延更丰富，一种教学模式只能属于一种教学范式，但是一种教学范式里面可能包含有多个教学模式。比如，“问题—探索”式教学范式中不仅有“问题—探究”模式，还有其他的教学模式。

二、深度学习的教学策略

深度学习是师生共同经历的一场智慧之旅，其核心目标是培养学生的核心素养。它并不神秘，也不是前所未有的创造，它是所有优秀教学经验的升华与提炼。深度学习有五个主要特征：①联想与结构（经验与知识的相互转化角度，更加关注学生原有认知）。②活动与体验（学生的学习机制角度，强调探究实践及内心体验）。③本质与变式（学习对象深度加工角度，注重思维的品质及思维的培养）。④迁移与应用（模拟社会实践角度，关注综合能力和创新意识的培养）。⑤价值与评价（“人”的成长隐性要素角度，落实态度与责任）[①]。这五个方面既是深度学习的主要特征，也是深度学习教学活动开展中教学要素处理的方法和策略，更与科学学科核心素养紧密相关。

三、指向深度学习的实施路径

小学科学课的实质就是带领学生经历典型的学习活动，开展科学探究活动。不同的科学探究过程形成了不同的科学课教学模式。这种模式体现在科学课堂的教学形态上，就是不同的课型，小学科学课堂教学范式就是在不同课型的基础上，进行归纳和总结，形成指向深度学习的小学科学课堂教学范式。

深度学习强调以学生为主体，以教师为主导。要引发学生的深度学习，教师需要确定学生认知的最近发展区；转化教学内容，提供恰当的教学材料；引导学生亲身体验，让学生成为探究的主体。基于深度学习的小学科学教学范式主要有以下几个方面：通过将认知目标从“问题、任务、项目、主题”四个层次进行进阶，把握认知目标的本质与变式，实现对认知目标的精准聚焦；通过激活原有认知，在新的情境中产生冲突，通过提供支架，外显思维，关注学生的活动与体验，引导探索；通过建模、推理、论证、创新，提升学生的联想与结构，使学生学会自主建构；通过概括、总结、拓展、延伸，将新知识迁移到新情境中，通过迁移与应用，实现综合能力和创新意识的迁移；通过表现性评价、过程性评价、形成性评价、发展性评价来评价学生的思维发展状况、学习态度和过程表现，实现价值与评价。基于深度学习的课堂教学范式，其实施的路径是：聚焦—探索—建构—迁移—评价（图3-1-1）。通常评价是贯穿于教学始终，所以在以下教学范式中，不单独呈现评价。

① 刘月霞，郭华.深度学习：走向核心素养［M］.北京：教育科学出版社，2018.

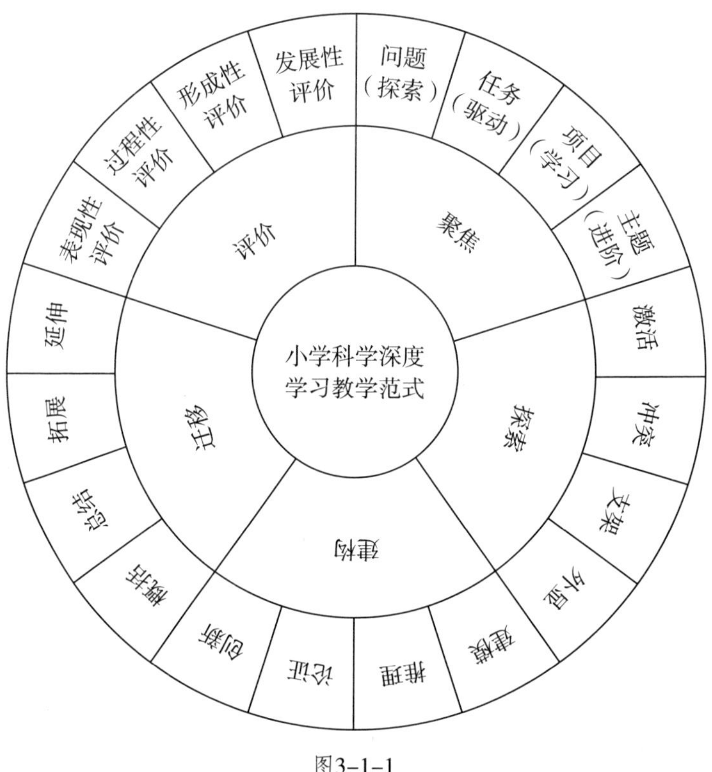
小学科学深度
学习教学范式
聚焦
探索
建构
迁移
评价
问题
（探索）
任务
（驱动）
项目
（学习）
主题
（进阶）
激活
冲突
支架
实验
建模
推理
论证
创新
概括
总结
拓展
延伸
表现性
评价
过程性
评价
形成性
评价
发展性
评价

图3-1-1

第二节　深度学习的四种教学范式

课堂是育人的主渠道，是落实立德树人根本任务的重要途径，是全面培育学生核心素养、发展素质教育的基础工程。小学科学深度学习课堂以“聚焦—探索—建构—迁移—评价”为实施路径，强调结合大数据、大概念、大单元，创设真情境，开展真探究。通过作业前置和学习任务单的方式以导引学，通过思维导图、数据可视化等以悟促学，通过精准的练习和训练来以练提学，通过持续的评价和调整来以改激学，构建指向深度学习的小学科学课堂教学范式：问题探索式、任务驱动式、项目学习式、主题推进式。

一、问题探索式学习的教学范式

基于问题的探索是科学课最常见的教学形式，更是深度学习的主要教学策略之一。问题探索式学习的核心在于创设真实的问题情境，引导学生聚焦“核心问题”，从而解决问题，形成科学观念、培养科学思维。在这个过程中，教师通过激活学生原有认知，引发其思维冲突，在冲突中外显思维，在合适的支架帮助下，激发学生深度学习。

（一）问题探索式教学范式模型

问题探索式教学范式教学过程一般分为五步。第一步，通过创设情境，快速聚焦挑战性问题。教师需要创设真实情境，并帮助学生过滤次要信息，实现对教学中需要解决的问题精准聚焦。第二步，通过激发学生的原有认知，在初步尝试解决问题时产生冲突，激发学生的探究欲望。第三步，教师提供支架和丰富的结构性材料，引导学生围绕核心问题进行一个较长时间的探究活动，并让学生在活动中收集数据或证据。第四步，汇总全班数据或证据，在教师的引导下，学生经过研讨、交流，初步建构新的观点或认知，并尝试用证据证明自己观点或理解。第五步，将新的观点或认知迁移到新的情境中去，并尝试解决新的问题。内化对新认知的理解，实现经验的积累与能力的提升。

（二）问题探索式教学范式的基本程序

问题探索式教学范式主要包括：聚焦（挑战性问题）、激活（原有认知）、探索（探究、加工）、建构（新的认知）、迁移（解决新问题）等环节。（图3–2–1）

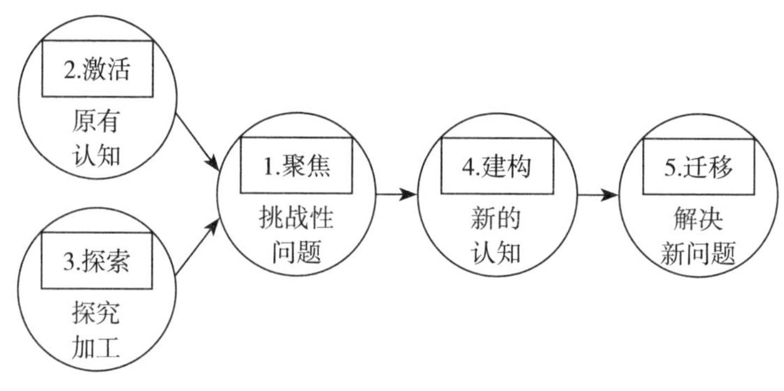

图3–2–1

问题探索式教学范式模型，通用性和适用性都很强。特别适用概念性知识的学习或某个具体问题的探究。该范式的关键点在于教师要引导学生对“核心问题”的探索，并在探索的过程中，真实有效地探究实践。其范式的基本程序如下：

1. 聚焦挑战性问题

深度学习强调教师要引导学生围绕具有挑战性学习主题，开展学习活动。通常来讲，挑战性学习主题是指那些具有挑战性的人类已有的知识成果。在小学阶段，主要体现为在理解科学概念、规律、原理的基础上形成的科学观念以及在 对客观事物的本质属性、内在规律及相互关系的认识中形成的科学思维，即《科学课标》中的科学观念和科学思维。在具体的某一课的教学中，挑战性问题通常是具体的教学目标或其分解目标。

挑战性问题通常具有生活性、开放性和冲突性。从生活经验出发设计的挑战性问题有利于快速与学生产生共鸣和连接，有利于形成思维的生发点。具有开放性的和冲突性的挑战性问题会激发学生探索的兴趣和欲望。在具备了初步的认知和生活体验的基础上，经过头脑风暴和思维的碰撞，学生畅所欲言、积极思考，师生之间就能擦出智慧的火花。挑战性问题的设计是学生发生深度学习的关键，是一节课的灵魂。

挑战性问题是指着眼于学生的“最近发展区”，需要学生“跳一跳”才能达到。维果茨基的最近发展区理论认为教学应着眼于学生的最近发展区，为学生提供带有难度的内容，调动学生的积极性，发挥其潜能，使其超越其最近发展区而达到下一发展阶段的水平，然后在此基础上进行向着下一个发展区的发展。①

2. 激活原有认知

原有认知，又叫前概念，在教学中泛指学生在新课教学前，对所学知识已有的认识和了解。学生在进入课堂前并不是一张白纸，而是有着各种各样的生活体验和对事物的观点和看法的人。这些体验和认知有可能帮助学生更好地学习和掌握新的知识，但教师如果无法扭转学生错误的前概念，它们也可能成为学习最大的障碍。深度学习教学中，掌握学生的前概念，就显得尤为重要。

3. 开展“真实”探究

《科学课标》指出，探究实践是学生获得科学知识的重要方法，也是学生学习科学的重要方式，学生应掌握基本的科学方法，具有初步的探究实践能力。深度学习中，倡导以探究和实践为主的多样化学习方式，让学生亲历探究的过程，经历技术与工程的实践。在教学中，开展“真实”探究必须做到以下几点：

（1）研究“真”问题

教学是一个不断研究问题、发现问题、解决问题的过程，在教学中使用“真”问题来组织教学，能够激发学生的学习兴趣，培养他们勇于探索、解决困难的意志品质。“真”问题是有价值的问题，它有助于人类探索未知、求索真理，或者是着眼国家需求、社会需要，或者是致力于解决实际问题等。在科

① 李玉馨. 维果茨基最近发展区理论对我国学前教育的启示［D］. 北京：中央民族大学，2013.

学课中，提出问题，尤其是提出具有探究性的“真”问题不是一件容易的事。科学探究实践要基于“真”问题，基于“真”问题的探究要秉持科学性原则，要符合学生年龄特点和认知水平，要从学生身边真实情境中的自然现象或科学现象入手。

（2）开展“真”探究

《科学课标》指出，探究实践是学生获得科学观念的重要方法，也是学生学习科学的重要方式。学生通过探究实践形成科学探究能力。教师要让学生了解科学探究的一般过程和方法：提出科学问题，并能针对科学问题进行合理猜想与假设；能制订计划并收集证据，分析证据并得出结论；对结果进行解释与评估；准确表达观点，反思探究过程和结果。

开展“真”探究，就是从“真”问题出发驱动探究，让学生经历科学、完整、真实的探究过程，科学规律地收集活动中的现象、数据、证据等，建立证据与解释之间的关系并提出合理见解。

（3）营造“真”环境

教师只有在课堂中营造积极、和谐、民主的学习环境和氛围，才能够让学生萌发创意并敢于挑战与尝试，才能让学生敢于提出质疑并愿意进行深度思考。只有营造“真”环境，学生才会愿意主动交流和积极表达。这样的探究过程与探究内涵才是一致的，探究才是“真”探究。学生们在“真”探究的课堂中自然就会形成尊重证据、独立思考、批判质疑、解决问题的科学素养和能力，这才是深度学习追求的“真”探究的目标。

4. 建构“新的认知”

深度学习强调建构，小学科学深度学习的过程就是学生自主建构的过程。知识不是通过教师传授得到的，而是学习者在一定的情境，即社会文化背景下，借助其他人（包括教师和学习伙伴）的帮助，利用必要的学习资料，通过意义建构的方式而获得的。深度学习中，个体的认知发展与学习过程是密切相关的。以教师为引导、以学生为中心、同伴互助合作学习、基于真实情境营造理想学习环境，这些都是学生自主建构的关键要素。

5. 迁移“新的情境”

迁移是学习发生的重要指标，将所学知识应用到新的情境中去是检验学习结果的最佳途径。深度学习中，“迁移与应用”不仅是对学习结果的检验，更是一种重要的学习方式。“迁移”是经验的积累与提升，“应用”是将内化的知识外显化、将间接的经验直接化、将符号转为实体、从抽象到具体的过程。①

（三）问题探索式教学范式的关键策略

1. 创设真实情境

深度学习的核心理念和价值追求是培养核心素养。核心素养是指高于一般能力或一般素养的正确的价值观念、必备品格和关键能力。学生将来走向社会后将面对纷繁复杂的社会生活、生产情境，他们要学会用正确的方式做人与做事，即他们需要具备分析情境、提出问题，并用正确的方式解决问题的能力，以及在解决问题的过程中表现出来的与人交流、沟通、合作的能力。核心素养背景下的深度学习，就是要促进学生在真实情境中解决真实的问题，促进学生真实地发展。

（1）真实情境必须基于生活世界

真实情境必须与日常生活建立联系。只有学习情境与学生的生活经验相关联，通过熟悉的场景、图像、元素唤醒学生原有生活经验，学生的原有认知才会主动与情境联结，认知和情感才会发生。在情境创设时，我们通常以学生的生活经验为原型，融入真实生活世界的事件发生、发展过程。

（2）真实情境必须聚焦真实问题

杜威指出，真实情境能够实现个体思维的发展，其创设的关键是建立情境中各种事物的联结。②所以，在创设真实情境时，不仅需要以学生的生活经验为原型，在情境中，还必须嵌入真实问题，通过真实问题，实现学生的认知活动与情境内容相联结。在教学中，为了降低学生认知活动的难度，情境创设时，通常需要教师进行精准聚焦，并减少或避免情境中复杂的、无关的因素对学生学习造成的干扰。

① 刘月霞，郭华. 深度学习：走向核心素养［M］. 北京：教育科学出版社，2018.

② 约翰·杜威. 我们怎样思维·经验与教育［M］. 姜文闵，译. 北京：人民教育出版社，2005.

(3)真实情境必须促发真实情感

真实情境的创设不仅为学生深度学习提供了丰富的现实元素和丰盈的认知资源，也承载着学生的内在情感体验。建构真实情境时，不仅要考量学生认知发展、知识建构等理性维度的现实需求，也应衡量个体情境中的情感生发的真实需要。在真实情境中，不仅应关注客观事物对学生认识世界、建构知识起到的作用，也应重视个体在融入客观事物的发生、发展的过程中产生的情感变化。

2. 引发认知冲突

认知冲突是指在学习过程中学生已有的认知结构在面临新的情境时产生的矛盾或冲突，通常表现为学生已有的知识和经验与新知识之间存在某种差距而导致学生的心理失衡。认知冲突最早出现于皮亚杰的认知发展理论中的“认知不平衡”观点。皮亚杰认为：“个体的认知发展是在认知不平衡时通过同化或顺应两种方式来达到认知平衡的，认知不平衡有助于学生建构自己的知识体系。”学生在学习新的知识之前，头脑中并非一片空白，而是有着自己的认知结构。当面对新问题时，他们总是试图用已有的认知结构去解释或理解。当他们发现自己的认知结构无法解释新的现象时，就产生了认知冲突。

建构主义的学习理论认为，学生的学习不是知识由教师向学生传递的过程，而是学生自己主动建构知识的过程。这种建构不可能由他人代替，这需要学生自己通过新、旧知识经验之间的反复的、双向的相互作用，来形成和调整自己的经验结构。在这种建构过程中，一方面学习者以原有的经验系统为基础对新的信息进行编码，建构自己的理解；另一方面，学习者的原有知识又因为新经验的进入而得到丰富、调整和改造。因此，学习并不是信息简单的量的积累，它同时包含由于学习者新、旧知识经验之间的冲突而引发的观念转变和认知结构的重组。学习者学习的发生主要在于解决认知冲突或认知心理不平衡时认知结构所发生的改变。①

深度学习是一种课堂变革的理念，深刻理解知识、深入对话交流、深度参与课堂、深层思考问题、深切体验情感，是深度学习所呈现出的基本特征。在

① 刘恩山. 中学生物学教学论［M］. 北京：高等教育出版社，2003.

深度学习的理念下，需要教师创设丰富的教学活动，设计具有挑战性的问题情境，使学生在强烈的认知冲突中，不断引发思考，促使学生思维逐渐向纵深处迈进，从而超越表层的知识符号学习，进入知识的逻辑形式和意义领域，实现真正的意义学习。因此，认知冲突是实现深度学习的有力支点。

【案例】教科版三年级上册《水到哪里去了》

聚焦	基于真实情境，快速聚焦挑战性问题，有利于激发学生的探究兴趣和挑战欲望。 教师用湿抹布擦黑板，在黑板上留下水迹，但黑板上的水很快就消失了。 提问：水到哪里去了？
激活	问题产生了，如何解决问题呢？学生对于这个常见的现象是有前概念的。教师在引导学生探究之前需要激活学生的原有认知。 激活原有认知： 提问1：水有哪些特征？（无色、无味、透明、会流动的液体） 提问2：生活中还遇到过哪些类似现象？
探索	探究是学习科学的重要方式，也是学生开展深度学习的重要途径。 任务：用实验证明自己的解释。取大小相同的两个杯子，加入等量的水，标记水的高度。用塑料薄膜盖好其中一个杯口，另一个不盖。2—3天后，观察两个杯子中水量的变化。 提问：两个杯子里的水出现了什么现象？
建构	围绕核心问题进行研讨，通过整理、分析、概括、总结等方式让学生主动建构核心概念，是实现深度学习的重要举措。 问题1：怎样解释两个杯子里的水出现的不同现象，依据是什么？ 问题2：你在盖了透明薄膜的杯子中看到了什么现象，你认为它们是什么？ 问题3：水和水蒸气有什么相同和不同？水蒸气也是水吗？
迁移	将新的知识迁移到新的情境中，通过尝试解决新的问题，丰富和深刻学生的认知。 新的情境：烧开水时，从壶口喷出来的“白气”是什么？

二、任务驱动式学习的教学范式

任务驱动式学习也是促进深度学习的主要策略之一。任务驱动式教学是以驱动性任务为载体，通过完成任务来学习隐藏于真实任务中的知识。教师设计任务驱动式学习时，需要创设有意义、真实的任务情境，将任务进行分层，通过一个个的可操作和参与的任务来驱动学生分析问题、完成任务，从而实现对知识与技能的建构。

任务驱动式学习的教学范式的教学过程主要为五个部分。第一步，通过创设真实情境，聚焦真实任务。第二步，通过激发学生好奇心和注意力，唤醒其探究的欲望。第三步，对核心任务进行分解形成递进序列，驱动学生分层完成任务。第四步，教师给予学生支架和结构性材料，学生相互协作，完成任务。第五步，对完成的任务进行总结和拓展。（图3–2–2）

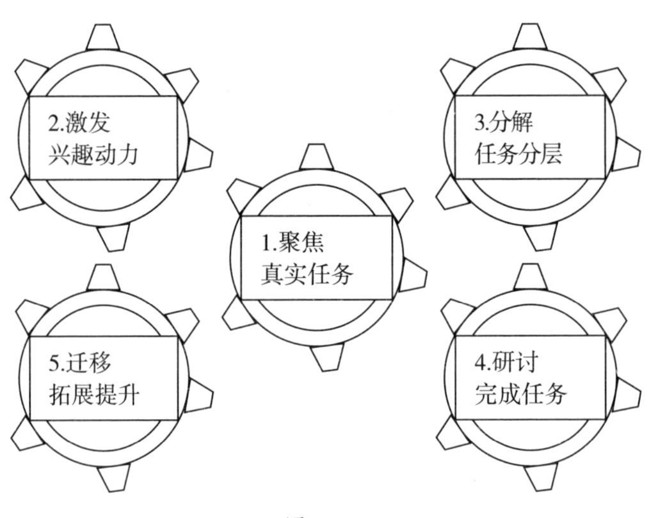

图3–2–2

（一）任务驱动式教学范式关键要素

1. 聚焦真实任务

任务驱动式教学范式是一种具有较强实验性、操作性的教学方法，通过创设激发学生学习兴趣的真实情境，设计与教学内容紧密相关的任务，能够让学生在完成任务的同时获得知识与技能。任务驱动式中的任务是为了达成学习目标，让学生完成的某项有意义的学习活动。任务驱动式实施的实质是利用任务激发学生主动学习的内在驱动力。学生通过完成自己感兴趣的任务，提高分析和解决问题的各项能力，达成学习目标。任务驱动式教学范式需要教师根据学生特点和学习内容的特征精心设置多样化的任务，激发学生学习兴趣。在真实任务的引领下，教师对学生完成任务的过程给予合理和及时的指导，倡导学生进行合作交流探究的学习，在完成任务的过程中提升自己的科学素养。

2. 以任务为主线

任务驱动式教学范式以任务为主线，围绕解决任务，以最终完成任务为目标；以任务的设计为核心，根据任务的教学目标，以设计驱动性问题为关键；以任务的分解为关键策略，围绕驱动性问题，将不同的任务分解成递进序列的任务链，并将对应的教学目标分配到不同任务中去；以过程性为主要特征，增加学生对具体知识、技能运用的经验，以任务的完成代表教学目标的基本实现，以培养科学素养为根本任务。以教师对学生开展指导性评价或学生开展互评和自评等方式，以最终任务的完成情况、取得的成果、能力的发展情况对学生进行发展性评价。

3. 以教师为主导

任务驱动式教学范式，教师更多的是扮演合作者和指导者的角色，区别于以往知识传授的权威角色，以帮助学生进行有意义的建构为主要目标。教师在充分了解学情和分析教材内容的情况下，根据教学目标合理设计任务，创设有利于学生操作和实践的生活情境。在教师的指导下，学生通过完成任务实践，实现知识能力的应用和迁移。任务驱动式教学范式能够帮助学生加强与生活的联系，驱动自主探索发现，形成创造性思维、培养创新能力。

4. 以学生为主体

学生是学习的主体也是教育任务的主要对象，也是学习任务的主要参与者和承载者。首先，任务驱动式教学范式可以发挥学生的主体地位，将被动的讲授式学习转变成主动的探究式学习，将课堂还给学生，增强了学生学习的主动性；其次，教师精心创设的真实任务情境，提高了学生学习的主动性，激发了学生的求知欲；最后，通过小组合作，大大促进了学生之间的交流和沟通，让学习小组在相互协作的过程中体验到成就感。通过师生、生生互动，学生能够获取从不同角度来思考问题的能力。通过多角度的观点碰撞，学生逐渐完善自己的观点和思路，并不断主动、自发地提高自己的科学素养和解决问题的能力。

（二）任务驱动式教学范式主要策略

1. 任务驱动式教学任务的设计要素

教学中的任务本身不是目的，而是一种教学方法和教学形式。通过任务的设计可以让学生摆脱枯燥的知识学习，让学生在接近真实的任务情境中去完成任务，促进学生分析能力、决策能力和思维能力的提高。教学任务的设计需要包含以下要素：

（1）任务情境

教学中，教师需要根据任务产生的背景和任务履行的环境，创设接近真实的任务情境。只有尽可能地提供接近真实的任务情境，学生才能够更好地融入任务之中，积极投入地完成任务，并愿意将任务成果运用到实际生活中去。

（2）教学目标

教学目标是课堂教学的方向和指引，在设计教学任务时，必须设定明确的教学目标。通常一个教学任务可能会涉及多个教学目标，所以在教学中，我们并非要将任务与教学目标纯粹地一一对应。教学任务的目标必须与课程的核心目标相一致。教学中，我们可以将一个教学任务分解成“任务群”，通过完成一个个递进序列的“任务群”最终实现教学目标的达成。

（3）结构性材料

结构性材料是指学生在完成任务的过程中需要利用或参考的资料，这些资料可以是文字性的资料，如报纸、杂志、课外阅读材料等。由于采用这些结构性材料的目的是帮助学生顺利完成任务，所以在选择的时候，教师要把握以下几个原则：①结构性材料的难易程度要符合学生的现有水平，保证这些材料是学生能够理解和运用的；②要把握好结构性材料提供的数量、时机以及先后次序，突出结构性材料的使用效果。

（4）角色定位

在任务驱动式教学范式中，教师和学生的角色都发生了重大改变。要突出教师主导、学生主体的特色定位。在任务履行的过程中，学生是交际活动的主体，他们以参与者的身份进行相互交流，合作完成任务，并对自己任务的完成结果负责。而教师是任务的指导者和组织者、学生语言学习的帮助者、结构性材料的提供者、学生完成任务的监督者，必要时教师也可以是任务的参与者。

（5）活动设计

在任务驱动式教学范式中教师要合理安排任务的步骤。一个任务中往往包括一个或多个活动，所以活动的设计是任务设计的关键因素。在设计活动时需要注意以下几点：①活动的目的要明确且与任务的目的保持一致；②活动的形式要有多样性，不同类型的活动要采用不同的形式，这样才能不断地激发学生的兴趣，满足不同学生的需求；③活动之间有逻辑性，避免无序或指向不清晰；④活动的设计要以表达意义为主导；⑤活动要具有挑战性，即学生需要经过观察、分析、推理、讨论等一系列过程才能得出结果。

2. 基于问题链的任务分解策略

问题链的设计包括两个方面：一是教师在课堂中设计出诸多驱动性问题，应考虑将这些问题按照内在的逻辑关系形成有逻辑顺序的任务链，而非一个个独立的、零散的问题，这样能够使课堂的结构性、整体性和统一性更强；二是教师将一个复杂任务拆分成有内在联系的任务链，学生通过链条中一个个节点问题的解决，最终实现复杂任务的解决，这样的任务链，给学生的思维过程搭建了脚手架，降低了学生的思维难度，有助于使学生循序渐进地解决问题。

【案例】教科版三年级下册“昆虫”

聚焦	（1）聚焦挑战性问题 学生分成四人小组，每个学生都带来了各种小虫子。 教师：今天我们一起来研究虫子。 提问1：你们每人采集了几种虫子？ 提问2：小组一共采集了几种虫子？ 通过“统计虫子种类”进行提问，既让学生快速聚焦核心任务，（虫子是如何分类的？）又制造了冲突。（小组的虫子种类总数是小组每个成员虫子种类数之和吗？）
激发	（2）激发兴趣动力 任务1：统计小组虫子种数。 任务2：互相帮助，认识这些虫子的名称。
分解	（3）分解任务 任务1：数一数虫子的脚。（大部分虫子的脚是三对脚） 任务2：三对脚的虫子还有其他相同的地方吗？（身体分为头胸腹、大部分有触角） 通过将昆虫的概念分解成任务，通过任务驱动，帮助学生建构昆虫的概念。
协作	（4）协作 围绕分解的任务进行分工、协作、分析、研讨，学生在任务中提炼知识与技能。 提炼：身体结构具有这些特点的虫子叫什么？
分享	（5）分享 问题1：哪些动物是昆虫？（蟑螂、蜜蜂、蚂蚁、蚕……） 问题2：我们身边还有哪些昆虫？

三、项目学习式的教学范式

项目学习式教学范式主要指项目式学习。项目式学习是指教师依据课程标准，综合考虑学生的经验设计驱动问题，学生运用已有知识经验浏览相关资源，确定主题和子问题，开展主题探究活动，通过精心设计最终作品，展示探究成果。[①]项目式学习是以学生为中心，基于真实情境和问题的项目为载体的跨学科学习方式。开展项目式学习，有利于提高学生学习的主动性和积极性，促进学生积极思考、动手实践，促使学生打破学科和思维的边界，培养学生批判性思维等高阶思维。

项目式学习是一种具有创造性和实践性的学习方式，能够有效促进深度学习。在小学科学课中，利用项目式学习的方式，通过聚焦真实情境和问题的项目，围绕大概念建构知识与技能，促使学生积极参与项目的设计与制作、评论与修改的过程，让学生在做中学、做中思。通过发布作品，同学之间相互分享与评价，促使学生不断总结和反思，最后通过迁移，实现知识与能力的拓展与提升，并主动将所学知识与技能应用到新的项目中去。通过这几个具有层次性和进阶性的实践过程，促进学生深度学习，提升他们的学科核心素养。

STEAM教育强调将科学、技术、工程、数学和艺术等学科融合，实现跨主题学习。在项目设计中，融入STEAM教育理念有助于培养学生的设计思维，促使学生深度学习的发生。

项目式学习的教学流程一般分为六步：第一步，聚焦真实的项目情境，激发学生完成项目的兴趣和动力。第二步，建构完成项目所需要的知识与技能，为完成项目做准备。第三步，指导学生完成项目设计图，并依据设计图进行初步制作。第四步，通过“画廊漫步”的形式，组织学生交流、讨论，完善各自的项目。第五步，发布项目作品，完成项目评价。第六步，尝试迁移到新的项目中，实现拓展和提升。（图3-2-3）

① 李玉霞，田科. 国内项目学习现状与发展刍议［J］. 江西教育，2013（33）：9-10.

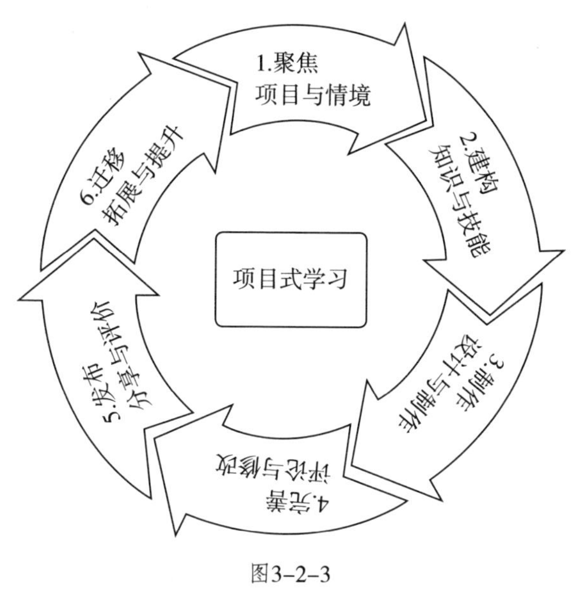

图3-2-3

（一）项目式学习教学范式主要特征

1. 项目引领

项目式学习的产品包含学生在项目结束时完成的完整作品，也包括提升的学生综合素养。项目导向是指具体的教学设计、教学实施及评估过程都围绕项目开展，其本质是通过完成作品提升学生核心素养的目标引领。[①]通过项目引领，将教学内容优化为学习任务，有助于唤起学生自由探究的激情；有利于支持学生开展真实探究；有助于建构以“学”为中心的课堂。

2. 项目情境

教师需要创设真实的项目情境，提供接近真实的完成项目所必需的项目要素，学生通过探究建构新的知识和技能，同时将其迁移运用到项目中，解决真实问题，实现理论与实践的有机结合。真实项目情境容易激发学生的学习热情，提升学生面对真实问题的决断能力，有利于培养学生将来解决生活工作中复杂问题的能力。

① 卢小花. 项目式学习的特征与实施路径［J］. 教育理论与实践，2020，40（8）：59-61.

3. 项目思维

项目思维是指学生要以“项目经理”的角色对个体和项目进行定位，认真思考个体、项目的资源，把握个体与整体项目的联系和作用，使项目能有序、合理、高效地进行。教师需要引导学生编写项目计划，完成项目任务分解、做好小组成员分工、梳理需要的学科知识和资源、规划任务的实现步骤及最终产品的呈现形式。项目思维把一系列单个碎片知识整合为系统的整体知识，强调了知识的系统性与整体性，有助于培养学生在不确定条件下的复杂思维及系统思维能力，培养学生核心素养。

4. 团队协作

项目实施需要全体团队成员分工协作，团队的沟通互动是项目有效实施的关键。通过沟通交流提升学生的社交沟通能力；通过对实施方案的探讨及经验的分享，促进学生对概念的理解；通过分工合作完成任务并最终形成产品，提高学生的协同工作能力。通过团队协作，能让学生深刻认识到团队的重要意义和合作的重要价值，培养学生的沟通能力与合作精神。

5. 过程性评价和发展性评价

项目学习的最终成果涉及一个产品、一份报告或实作的设计和发展过程，教师通过由学生所呈现的项目成果等来判断学生在项目学习中对知识、概念的掌握情况以及所体现出的能力、创造力的发展状况。项目式学习在课堂教学中的开展，包含一系列开展科学规划的过程，从设计驱动问题、规划项目评价到管理项目过程形成一个科学有序、环环相扣的教学系统。因此，要把项目的教学目标和项目活动联系起来，在项目实施中采用配套的评估方法，评估学生在项目中学到了什么。

（二）项目式学习教学范式关键策略

1. 设计富有挑战性的问题

项目式学习过程中，驱动性问题和切入性问题的设计都至关重要。驱动性问题是项目开展的核心，始终伴随学生对问题的深入探究和相关学科知识的灵活运用的过程。驱动性问题可以是开放性问题，可用简短的一句话体现并传达项目目的，并用以激发学生的兴趣，给学生带来挑战。

2. 持续探究

探究就是调用解决问题所需要的各种研究方法，逐步试错，反复循环，使方案或作品多次迭代，直至真实作品达到向公众展示的水平。因此，探究需要持续相当长的一段时间，几天、几周甚至几个月都是有可能的。可以将常用的文献综述法（通过图书、期刊、网络等多种渠道最大限度地查找各种资料）与真实世界的调研（基于现场的专家、服务提供商和用户访谈）结合在一起使用。

3. 与多学科内容深度交融

项目设计的根基在于能够引导学生对学科知识有深度、有兴趣地学习和运用。因此，项目设计之初相关学科标准的目标确定变得相当重要。同时，寻找能够始终推动学生进行深入探究的驱动性问题也很关键，项目式学习就是要引导学生围绕一个核心问题寻找解决方案或研发产品，实际上任何现实问题的解决都需要学生灵活运用多个学科的知识和技能。

4. 学生的发言权

在项目中有发言权能使学生产生主人翁意识，使他们更关心项目，更加努力。如果教师在项目开始之前就设计好每一个步骤，学生只需要据此执行的话，这就不算是真正的项目式学习。学生应该最大限度地参与到项目的设计与实施之中来，从项目开设的驱动性问题和切入性问题设计，到项目管理进程和角色分配，再到寻求更多的资源和外部支持，直至问题探究的方向和最终作品形式，学生都应有权对其发表意见。

5. 全程反思

项目进行过程中，师生都始终保持用“第三只眼”去考察项目探究的方方面面，逐渐让反思成为时时刻刻都存在的课堂文化。反思可以有很多载体，如项目札记、形成性评价、阶段性讨论等。反思的内容既应该有对学科知识理解和运用的反思，还应该有对合作、沟通、批判性思维及自我管理等技能运用情况的反思。

6. 评论与修改

学生应该学会如何给予和接受同伴的建设性反馈。对学生的阶段性作品进行班级的公开评论时，作为评论者很可能言过其实，容易对作品制作者不小心造成言语的伤害。因此，在进行评论时应遵守秉持善意的基本原则，意见应尽可能具体，且意见应有效有用。在学生开始一个项目前，教师可以向其展示“卓越范例”的模型——之前的学生、专业人士或者教师制作的高质量作品。全班同学可以一起讨论是哪些特性使之成为优秀的模型。这样一来，学生不仅知道了他们的目标是什么，也了解了其特性。要跟学生强调复制模型不是他们的任务，真正的任务是在讨论阶段运用他们学到的特性来制作属于自己的模型，这很重要。①

7. 作品公开展示

将作品公开展示，有利于激发学生完成项目的积极性和专注性，通过作品公开展示，有利于培养学生的自豪感和成就感。另外，学生家长及当地社区的其他人也能够借此知晓学校在做什么，这就为加强学校和社区的互动提供了机会。

【案例】教科版三年级下册《影子的秘密》

聚焦	（1）聚焦——项目与情境 教师展示皮影戏片段。 问题：皮影戏是通过什么来表演的？ 项目：怎样才能表演皮影戏呢？
建构	（2）建构——知识与技能 教师以皮影戏人物孙悟空的金箍棒为切入点，研究金箍棒如何在屏上形成影子。 任务1：怎样让金箍棒产生影子？（影子的形成） 任务2：如何让金箍棒的影子发生变化？（影子的变化） 总结：影子的形成需要光源、遮挡物和屏，改变三者的方向和距离，影子都会发生变化。 （3）制作——设计与制作 学生分组按照剧本尝试进行皮影戏表演。 （4）完善——评论与修改 小组相互点评，并完善自己的表演。 （5）发布——分享与评价 通过视频直播分享小组的表演，并进行评价。
迁移	（6）迁移——拓展与提升 总结：皮影戏中的影子发生了哪些变化？是如何实现的？ 拓展：晴天，太阳的位置与影子的变化有什么关系？

① 王淑娟. 美国中小学项目式学习：问题、改进与借鉴［J］. 基础教育课程，2019（11）：70-78.

四、主题（跨主题）推进式学习教学范式

深度学习倡导单元学习。它要求教师建立好学科核心素养与学科核心内容之间的关系，依据课程标准和教材，选择有利于培养学科核心素养的教学内容和情境素材，确定学习目标、选择学科内容、设计学习活动、开展课堂教学、进行学习评价，环环相扣，使学科核心素养具体化，可培养、可干预、可评价。[①]

“单元”是指学科课程实施的单元，通常以主题为中心。在小学科学教材中，通常一个单元就是一个大主题。所以，在小学科学教学中开展主题推进式学习是非常必要的。开展主题（跨主题）推进式学习有四个重要环节：一是选择单元学习主题（跨主题）；二是确定单元学习目标；三是设计单元学习活动；四是开展持续性评价（图3–2–4）。在主题推进式教学中，教师需要不断更新观念，对单元教学内容进行二次开发。

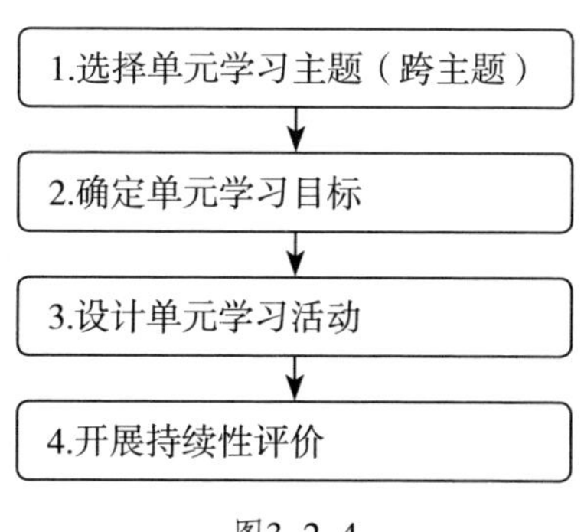

图3–2–4

（一）大单元主题教学的特点

单元教学强调从单元整体出发进行教学设计，突出教学目标、内容和过程的整体性、联系性和发展性。单元教学作为一种教学模式，能较好地处理在教学过程中的阶段性、连续性和循环性之间的关系。单元教学注重教学的整体性、阶段性和延续性，注意从整体上把握教材结构，所以能使学生形成知识间的丰富联系，建立良好的认知结构，使教学内容结构化、一体化、网络化，这对促进学习的迁移是非常重要的。

① 刘月霞，郭华. 深度学习：走向核心素养［M］. 北京：教育科学出版社，2018.

（二）大单元主题教学的策略

1. 单元学习主题的确定

郭华教授提出，深度学习中单元学习主题的确定主要有四个依据：一是科学课程标准；二是学科教材内容；三是核心素养的进阶发展；四是学生的实际情况。胡久华教授在《学科教学指南》这本书中提出，确定单元学习主题的方法有四步：第一步，明确学科的核心知识，构建知识结构框架。第二步，挖掘学科核心知识承载的学科核心素养。知识只是素养的一个构成维度，我们要挖掘知识背后承载着哪些学科核心素养。第三步，寻找能承载学科核心知识的实际问题或任务。第四步，调研学情、学生学习需求，从而确定单元学习主题。建构知识框架，挖掘知识承载的功能和价值，结合生活实际，并且调研学情，这些环节共同构成了单元教学主线的选择策略：采纳教科书中的学习单元，以学生面临的生产、生活中的真实问题为背景素材，将裸露的知识进行再包装。这样就形成了真实问题解决类型（项目式）的单元教学。

【案例】教科版三年级下册“动物的一生”单元

1. 课标体系（依据《科学课标》）

大概念：地球上生活着不同种类的动物，它们有共同的特征。

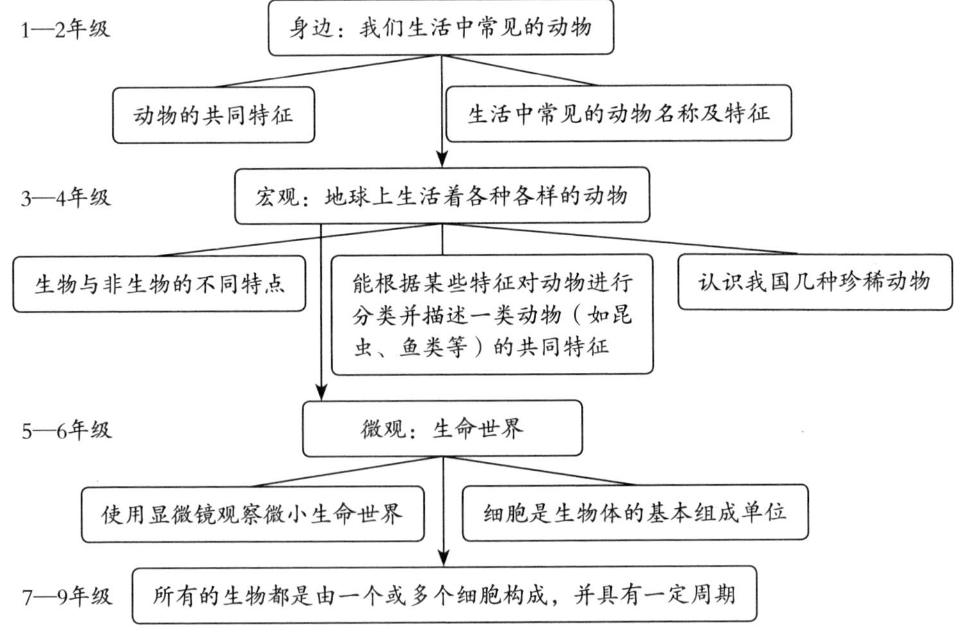

2. 教材内容与核心素养发展

教材内容	思路方法	科学观念	跨学科概念
观察蚕卵，了解蚕卵的孵化并为孵化做准备	根据某些特征对动物进行分类；识别常见的动物类别；描述某一类动物的共同特征	生命系统是一个复杂开放的系统，与其他物质系统一样具有层次性，遵循自然界的共同规律	系统与模型
认识其他动物的卵，观察鸡蛋的内部结构			
观察蚕的幼虫，了解它的生长变化			
观察蚕的新形态：蚕茧和蚕蛹			
观察蚕蛾，了解昆虫的关键特征			
了解蚕的生命周期			
了解其他动物的繁殖方式			
了解动物的生命周期			

3. 重构教学内容

“动物的一生”单元以养蚕及观察蚕的生长变化活动为主要线索，引导学生通过观察蚕的生命需求、不同时期蚕的形态结构及其相适应的活动现象，了解蚕的繁殖方式，建立生命周期的模型，进而拓展到其他动物的繁殖、昆虫的一生及更多动物的一生。本单元一共8课，笔者将其分为两个部分，其中第1、3、4、5、6课以蚕为主要研究对象，属于养蚕部分，内容设计成《蚕宝宝饲养手册》；第2、7、8课则是对蚕卵、蚕的繁殖、蚕的一生做了介绍，属于延伸部分，帮助学生建构生命周期的概念，并扩展到认识更多动物的一生。通过蚕的饲养活动和生命周期概念的建构，有助于学生明确结构与功能、系统与模型等跨学科概念。

2. 单元教学课时规划及教学任务（活动）设计

（1）单元教学课时规划

要想完成真实问题解决类的单元教学，首先要确定单元主题，将核心知识与真实问题之间建立起关联。其次将真实问题拆解到不同的认识角度，这些认识角度来源于学科的核心知识。再次把认知角度拆解好后，就可以规划单元教学每课时的任务。最后在每个课时中，更细致地将真实问题与学科核心知识再一次建立起关联，进一步提升学生解决真实问题的能力和素养，使其形成学科所需要的研究思路和方法。

（2）单元教学任务（活动）设计

实施真实问题解决类的单元教学，每个课时都是在对单元主题进行细分，而在每个课时中，我们又把每个真实问题再次进行细致的分解。在这样的过程中，我们在不断地拓展学生的认识角度，不断地帮助学生发展分析、解决问题的思路和方法，并且拓展学生的社会实践。这样才能进一步发展学生的学科核心素养。

上述四种教学范式，呈现了逻辑上的进阶关系。其逻辑关系为包含关系。所以，下一层的教学范式通常可以应用于上一层的教学任务中。在教学中，可以根据实际需要进行选择和调整，从而更好地为教学服务。

第四章

小学科学深度学习的教学策略

深度学习旨在让学生的成长从单纯的“机械记忆”“解答试题”等浅层学习，转向提出问题、理解问题、解决问题、获得知识，指向培养学生的高阶思维。

基于深度学习的特征——联想与结构、活动与体验、本质与变式、迁移与应用和价值与评价[①]，深度学习的教学策略正是在理解深度学习内涵、意义与特征，了解深度学习教学模式的基础上，通过分析当前课堂学习中存在的浅层学习中出现的问题，提出的引导教师调整理念和教学行为的系列建议。它可以帮助教师加深对教学本质和过程的理解，促进学生更好地学习，有效发展学生学科核心素养。

---

① 刘月霞，郭华. 深度学习走向核心素养［M］. 北京：教育科学出版社，2018.

第一节　教学策略研究在深度学习中的意义

一、深度学习教学策略研究现状

为了将深度学习更好的落实到课堂教学中，国内外学者分别从理论与实践层面提出了深度学习的策略。

1. 基于理论层面提出的深度学习策略

安富海通过分析学生浅层学习结合目前深度学习研究的理论成果，针对当前教学理念和教学方式的变革提出了自己的观念：确立高阶思维发展的教学目标，引导学生深度理解；整合意义连接的学习内容，引导学生批判性建构；创设真实情境，引导学生积极体验；以持续关注的评价方式，引导学生深刻反思。[①]张鹏通过对深度学习内涵及其教学理论路径进行研究与分析并给出如下建议：首先，教师在教学中需要了解学生的个体情况和差异，找出学生在知识学习过程中的缄默点。其次，教师应当在课堂教学中考虑学生已具备的学习水平，把课堂作为学生学习的过渡点，使其潜在学习水平达到最高。最后，教师需要把学科知识与学科思维和素养、课本知识与生活联系起来对教学材料进行优化，让课堂成为思维传递的交互点并把教学材料作为学生的感知体验点，潜移默化地转化给学生，使课堂变为生活实际的着力点。[②]

2. 基于实践层面提出的深度学习策略

SDL研究组织以半结构式访谈和实地考察的形式针对各个学校的深度学习

① 安富海. 促进深度学习的课堂教学策略研究［J］. 课程·教材·教法，2014（11）：57-62.

② 张鹏，郭恩泽. 指向“深度学习”的教学策略研究［J］. 教育科学研究，2017（9）：54-58.

方法与策略进行了收集和分析。由分析结果能够得出学校进行深度学习的策略大体可以分为两类：一类注重课堂教学设计的重塑，其重塑的内容具体涉及教学目的、教学设计、教学实施以及教学评价四部分；一类针对学校结构和文化进行优化设计，如开设相关讲座和咨询课程、组织特别的校园活动，甚至包括灵活安排教学课时等。①

二、深度学习教学存在的问题

目前实践层面的深度学习教学策略相关理论较少，多数是注重课堂教学设计的内容而针对开展深度学习教学的相关实践理论，能够提供给教师参考的教学案例、教学技巧和课堂实录却少之又少，因此一线科学教师在开展深度学习教学时候常感到无从下手。开展深度学习教学策略研究丰富了实践层面的理论知识，给一线科学教师提供新且实的教学参考。

三、教学策略在深度学习中的理论意义

开展深度学习教学策略研究及案例撰写，实际上是将理论层面的深度学习教学策略在课堂实践中进行检查和加工，形成更丰富的实践层面的教学策略，从而丰富深度学习理论体系，为教师的教学开展提供新且实的参考。

四、教学策略在深度学习中的实践意义

1. 发展学生学科核心素养

自20世纪90年代开始，“核心素养”逐渐被教育界所重视。“深度学习”理论为学科素养的落实提供了有效路径，成为学习方式转变的新方向，课堂教学中应预留给学生思考和探究的时间，注重培养学生的迁移运用能力。

培养学科核心素养需要发展高阶思维能力，而深度学习能够有效发展学生高阶思维能力。教师要更加注重培养学生的学科核心素养，注重学生知识的迁移。

① 卜彩丽，冯晓晓，张宝辉. 深度学习的概念、策略、效果及其启示：美国深度学习项目（SDL）的解读与分析［J］. 远程教育杂志，2016（5）：75-82.

因此通过开展深度学习教学策略的研究，能够更精准、更有效地开展深度学习课堂教学，发挥学科课程的整体育人功能，落实立德树人的根本任务，立足学生核心素养，发展学生高阶思维能力，是顺应素养时代培养目标的必然要求。

2. 提升教师课堂教学能力

深度学习的教学过程中，教学必须有预先设计的方案，要在有限的时空下，有计划、有序地实现丰富而复杂的教学目的。[①]这就需要教师在了解学科核心素养、学科课程目标的基础上，熟练运用各种教学策略来处理教材，引导学生开展深度学习。

在深度学习中，学生是学习的主体，教师是引导者而非学生学习的替代者，教学内容不是只需学生记忆那些外在于学生的、静态的客观知识，而是需要学生全身心地去理解、领会、评判、体验、感受那些能“活”起来、“动”起来的知识。在教师的引导下，学生不仅能够获得逻辑表达能力，还能够理解文字符号所传达的意义内容，即能够对教学内容进行深度加工。

① 郭华. 深度学习及其意义［J］. 课程·教材·教法，2016（12）：25-32.

第二节　小学科学深度学习的教学策略

深度学习的实践最终要落实在课堂层面，简单的模式化的课堂变革不能解决教育改革的根本问题，深度学习的教学设计为教师提供创造性地设计与实施课堂变革的思路与策略。

深度学习的教学设计在学科本质和学生学习的理解之间架起一座桥梁，使教学设计和实施过程指向以学科核心内容为载体的学生高阶思维培养。

科学核心素养是学生在学习科学课程的过程中，逐步形成的适应个人终身发展和社会发展需要的正确价值观必备品格和关键能力，是学生通过科学课程学习后内化的具有科学特性的品质，科学课程的核心素养主要包括科学观念、科学思维、探究实践、责任态度等方面。

基于深度学习理论、科学核心素养的教学策略，体现了科学学科的本质与学生学习的特征。从课堂教学中的情境创设、提问策略、小组合作、数据分析处理、概念建构与进阶、思维可视化、认知冲突构建、板书设计、知识稀释还原和评价等方面的教学策略来为小学科学深度学习课堂提供参考。

在开展小学科学深度学习的教学实践中，我们积累了许多接地气的教学策略实施方法。本书主要通过以下策略来阐述如何在教学中开展深度学习。其主要策略包括：①深度学习中的情境创设策略。②深度学习中的提问策略。③深度学习中的小组合作策略。④深度学习中的数据分析处理策略。⑤深度学习中的概念建构与进阶策略。⑥深度学习中的思维可视化策略。⑦深度学习中的认知冲突构建策略。⑧深度学习中的知识稀释与还原策略。⑨深度学习中的以大概念的理念建构概念策略。⑩深度学习中的板书设计策略。⑪深度学习中的评价策略。

以上教学策略均是在深度学习相关理论及教学理念的基础上进行教学实践的总结，而在实践中教学策略应用的原则是理解深度学习的定义、特征与培养方式。深度学习是积极健康地培养人的过程。深度学习以培养核心素养为根本追求，即培养学生拥有远大的志向和坚强的意志，批判性思考和问题解决能力，有效的沟通和协作能力以及学科思维，学习策略和积极的学习心态。

深度学习的情境创设策略

一、在深度学习中开展情境创设策略研究的意义

深度学习下科学学科的育人价值在于培养学生的科学核心素养，即培养学生在面对具有挑战性的真实问题时，能够在头脑中迅速形成解决问题的思路，并且能够运用分析、综合、评价和创造等高阶思维整合资源、解决问题的可迁移的素养。学生的科学核心素养是需要在情境中实践来养成的，情境是要真实的、具体的、有价值的。小学科学知识具有一定的抽象性和综合性，情境创设能够使抽象的知识更加生动直观地呈现出来，使学生更易理解与感悟，这顺应了小学生认知的特点和思维的规律，有利于构建系统且全面的科学知识体系，帮助学生建立科学核心概念，在情境中提升学生科学素养。

二、情境创设教学策略研究现状

近几年，随着新课改的推进，情境创设因具有有利于深化学生对生活科学的理解，帮助学生利用生活经验自主建构知识，激活学生科学思维，培养学生科学素养的特点，成为一线科学教师广泛应用的教学方式。由于对情境教学的内涵把握不到位，一线教师在展开情景教学过程中还存在以下几个方面的问题：

1. 情境体验浮于表面，问题意识未真正诱发，偏离教学目标

情境创设方式丰富多彩，图片、视频、游戏、魔术等都能激发学生的好奇心，学生在新鲜事物的刺激下会表现出高亢的学习热情。但在很多课堂中，情

境的创设仅停留在激发学生兴趣、活跃课堂氛围，却忽视了情境的创设是为课堂教学目标服务的，是为调动学生的生活经验与新知识进行建构，形成认知冲突，指向学生思维启发的，是为使学生形成问题意识，促进学生深度学习的。

2. 情境创设的随意性，导致学生科学知识内化不足

大部分的情境创设主要在课堂的导入部分，没有从课堂整体大局来整合规划，情境的非贯穿性不能带动学生深入思考，学生难以掌握科学知识的本质。深度学习指向的是学生的问题解决能力，情境的创设不仅要贯穿课堂，还要创设迁移与应用情境帮助学生实现知识的内化，掌握科学的本质，实现举一反三，让学生能够用学习的知识去解决生活中的真实问题，切实提高科学素养。

3. 情境创设忽视情感体验

在情境创设的过程中有时预设性太强，过于为教师的“教”服务，而忽视了学生的主体地位。科学课堂的学习，不仅要关注学生在自主建构、掌握科学知识中的发展。我们更要关注学生在情境中的情感体验，真实的情境可以触发学生真实的情感体验，除了真实的生活体验，我们还可以链接学科发展、科技前沿和思想道德教育等资源触动学生情感体验，培养学生责任态度和科学精神。

三、核心词汇界定

1. 情境

情境应该包括“情”与“境”，而且二者缺一不可。它是能够对人类活动产生影响的特定环境，它可以是物质的，也可以是精神的。有效的情境能对学生产生重要的影响。例如，人们在动物园里提到老虎和在深山野林里提到老虎时的恐惧感是有很大区别的。因此，即使是相同的情形，处于不同情境的人产生的情绪变化是不同的。

2. 情境教学

目前，教育界对情境教学还没形成统一的定论。情境教学概念首次明确提出是在1989年，由美籍心理医生、教育工作者布朗、科林斯等在《情景感知与教学文化发展》（*Situated Cognition and the Culture of Learning*）的文章里指出的。他们相信科学知识只是在它们形成及使用的情境中才更有意义。知识绝不能离开它所处的自然环境。掌握知识点的最好方法便是在情境中完成。

情境教学就是教师以教材为基础，基于教学的需要，围绕特定的教学目标，人为地创设有效的教学场景，促使学生积极主动学习，激发学生的积极思考和问题意识，使学生在活跃的思维下，发现问题，探究实验，帮助学生更好地掌握和建构知识，锻炼学生高阶思维，培养学生创新能力，从而使学生进入深度学习的一种教学模式。传统教学模式与情境教学模式比较见表4–2–1。

表4–2–1

维度	传统教学模式	情境教学模式
着眼点	强调知识的传授	诱发学生的内驱力
传授过程	以教师活动为中心	教师主导，以学生为主体
传授方法	灌输式、填鸭式	有意义接受学习、研究性学习
教学关系	一桶水与一杯水	教学相长
教学目标	大纲和教材规定	学生的全面发展
教学程序	按教案程序操作	相对稳定，又不固定
教学主体	教师	学生
教学手段	陈旧、单一、简单	多媒体计算机等
教学原则	知识的严谨性、逻辑性、完整性、系统性	知识、生产实践、科学技术三者有机结合
评价方式	总结性评价，考试成绩	多元评价主体、方式

四、深度学习视域下情境创设策略的原则

1. 目标性原则

情境创设时要基于课程标准和教材的要求，要思考情境是否符合科学观念、科学思维、探究实践、责任态度核心素养四个维度的总目标和学段目标的要求，必须明确某一情境的创设是否有助于学生理解知识，将抽象和综合性强的科学知识融入情境中是否有助于提高学生的科学探究能力，形成正确的科学态度。

2. 主体性原则

情境创设要体现学生的主体性，小学科学课程的基本理念是要面向全体学生，每一个学生都是课堂的主体，学生科学概念的构建应该基于每一个学生主体的自主建构。情境的创设应基于学生已有的认知水平，结合不同学段学生的

知识基础和生活实践经验，建立事物之间的联系，主动建构知识，在此基础上学生自身经验与知识建立有意义关联。在此过程中，不仅要注重小组合作，更要注重学生的独立思考，使学生碰撞出思维的火花。

3. 真实性原则

情境创设要避免编造情境，要联系学生的生活实际，创设符合学生当前的认知发展规律，与学生经验息息相关的生活情境，让学生能够在情境中发现、分析和解决问题。在生活中有丰富的情境资源可供我们选择，我们要选择的是与课程教学目标相关的尽可能真实的问题情境，并可借助图片、视频、音频、实物或演示教具等素材，帮助学生还原真实情境，这样更加利于学生在情境中建构知识。

4. 激励性原则

好奇心和求知欲是驱动学生主动学习的内在动力，情境的创设要激发学生主动学习的好奇心和求知欲。教学情境的创设不仅要立足于学生现有的知识水平，还要稍高于学生的现有水平，要接近学生学习的“最近发展区”。要创设有挑战性的情境使学生形成认知冲突，激发学生内在的潜力去解决更高层次的问题。

5. 多样性原则

根据学生注意的特点（学生容易被新颖的事物吸引），丰富多样的情境可以激发学生的探究兴趣，创设情境时可以根据不同的教学目标、学习对象、学习内容、教学方法、教学过程等来选择和组织不同的教学情境。生动的动态情境会激发学生继续探索的动力，同时，情境的创设不单只是导入新课，还应该在整个探究的过程中都能够推动和促进学生的认知发展，贯穿于教学过程中，从而发挥其重要作用。

五、情境创设策略具体方法

1. 情境创设多视角链接生活和生产策略

深度学习的学习方式是“联想和结构”。在学生已有经验的基础上创设情境，通过唤醒或者创造以往的经验，将其融入现有的情境中并得以提升的过程称为“联想和结构”。其实质是知识的同化和顺应的过程，在学习的过程中，学习内容不再是孤立的，而是重新建构形成新的知识系统，使学生已有的经验和新的知识建立联系，从而使学生与知识建立有意义的关联。学生的生活经验是丰富多彩的，教师通过创设生活化的情境，可以促使学生深度学习。生活化的情境可以从以下几个方面来进行创设。

（1）链接日常生活创设情境

《科学课标》指出：科学探究是重要的社会实践活动，小学阶段科学教学强调从学生熟悉的日常生活实际出发，探究活动尽量与生活实际相联系。科学来源于生活，科学学习是基于学生的认知特点和生活经验，从学生的生活实际出发，通过各种途径了解学生的前概念，结合学生的认知水平和心智发展水平，转化学生学习过程以满足其内心需求的过程，这更有利于科学知识的建构。

【案例】教科版四年级上册《运动与摩擦力》

情境导入：同学们，你们喜欢运动吗？下周学校要举办运动会，其中有一个大家都喜欢的项目就是拔河比赛。我在思考怎么样才能让我们班的学生赢得比赛，大家有什么方法？

预设：学生会回答找一些力气大一点的同学，找一些体重重一点的同学，穿上一些底面粗糙、摩擦力大的鞋子，等等。

提出问题：我这里有几双鞋子，你们认为要挑哪一双？为什么要穿这样的鞋子呢？（聚焦摩擦力）。

设计意图：教学开始，从学生熟悉的运动和鞋子入手，既暴露学生的前概念，还原真实生活情境，生成最真实的科学问题，从而顺利引出本节课的探究对象——摩擦力。这就是从生活实际出发，将学生的生活经验与新的知识进行建构。

（2）链接社会生活创设情境

在课堂中可以链接近期发生的社会热点问题来创设情境，同时，充分利用本土丰富的、鲜活的自然资源为学生提供更多观察、探究的机会，为学生创设真实情境。尽可能为学生创造有更多体验的室外探究活动或者课外探究活动，让学生到真实的自然环境中进行观察和探究，这样更能激发学生探究的兴趣。

【案例】教科版六年级下册《环境与我们》（2011年版）

情境导入：地球是一颗水的星球，地球表面的71%被水覆盖。地球上的水都可以作为饮用水源吗?

学生回答：不能。

微课导入：中华人民共和国水利部——节约用水宣传

科普：水资源是人类赖以生存和发展的珍贵资源。

广义的水资源是指水圈的水量总体；狭义的水资源是指陆地上的淡水资源。目前人类比较容易利用的淡水资源有河流、淡水湖泊、浅层地下水，等等。

过渡：一起看看我们身边的自然水域环境吧!

学生以项目式活动形式展开家乡水质调查。引导学生从水样的颜色、气味、透明度、杂质等方面进行观察，在此基础上，引导学生思考如何把河水中的杂质进行分离，以及思考如何保护家乡水资源，让污水变清。

设计意图：水污染问题是目前地球面临的十大环境问题之一，水污染让原本就短缺的淡水资源更为紧张。本课从我们身边的热点问题着手，通过创设情境引导学生调查家乡水质，再从多个角度为保护水资源出谋划策，最后通过实践培养学生的科学态度和保护环境的社会责任。

（3）链接经济和政治生活创设情境

经济和政治领域的时事素材有助于学生树立正确的科学价值观，培养学生爱国爱家的责任态度。学生在经济和政治生活的情境中，能切实感受到科技的发展对我们产生的深远影响，也能够理性地看待科学技术对人类造成的双面性影响。

【案例】教科版三年级上册《制作跑马灯》

情境导入：学党史

刘辉山《欢庆红色中央政权的诞生》：六面都画着人民胜利图的跑马灯，团团直转。

提问：跑马灯是我们古代匠人将科学与艺术之美相结合的产物，你能制作一盏庆祝建党百年的跑马灯吗?

明示任务：

任务一：了解跑马灯的结构，从多方面评价工匠们制作跑马灯的过程及结果。

任务二：制作叶轮及其支架，使其旋转，探究跑马灯转动的科学原理。

任务三：制作以“庆祝建党100周年”为主题的跑马灯。

设计意图：本课为三年级“风的成因”的拓展课，使学生通过学习了解空气流动形成风的知识，以庆祝中国共产党建党百年为情境，以多学科融合项目化学习的方式开展，不仅让学生在实际操作中对文本知识加以运用，又进一步理解空气流动形成了风这一知识，而且在过程中穿插跑马灯的制作方法以及跑马灯的发展历史，能让学生感受中华民族伟大的劳动人民勤于探索、不断创新的工匠精神。

2. 情境创设链接学科发展和科技前沿策略

（1）利用先进科学信息技术创设情境

时代在发展，社会在进步。AR（增强现实技术）和VR（虚拟现实技术）已被运用于教学，通过VR可以虚拟现实，AR可以增强现实。通过模拟实验可以帮助学生将不可见或不易呈现的结构清晰且真实地呈现在眼前。除此之外，科技发展时事和社会热点能激起学生强烈的探究欲望，对于未知的好奇心和求知欲能引导学生迅速进入情境，引起学生产生共鸣。增强科学教学的时代性，也让学生体会到科技进步对社会的影响和意义，培养学生热爱科学的情感态度与价值观。

【案例】教科版四年级上册《食物在身体内的旅行》

课题导入：

1. 同学们喜欢旅行吗？你们都去过哪里？

2. 今天我们带大家去一个你们从未去过的地方（身体），那旅客是谁？

3. 想不想知道食物在身体的旅行是怎样的？让我们带上3D眼镜，一起出发吧。（播放3D动画《吃下的食物到哪里去了》）

难点突破：

1. 我们已经知道了食物在身体里面会经过哪些消化器官，也知道了食物经过消化器官的路线图了。现在，我们就要深入这些器官去了解这些器官的功能了。为了让大家更直观的了解这些消化器官，我们现在用高科技把一整套消化器官展示出来。

2. 展示人体消化系统VR模型，逐步解剖，观察各个消化器官的形状特点，并尝试总结它的功能。

设计意图：学生对于食物经过哪些消化器官，经过各器官的先后及各器官的作用并不完全了解。通过VR和AR技术，可以进行模拟实验，在虚拟情境中，食物经历的消化系统过程可视化，学生可以观察到各消化器官及其内部结构，同时，提高学生的参与度，丰富教学内容，调动学生学习兴趣。

（2）链接科技前沿创设情境

前沿科技素材，对于激发学生好奇心和开阔学生视野，培养学生科学精神和热爱科学的情感态度有着重要的作用。前沿科技素材资源是宝贵的科学学习资源。例如，2020年度中国科技十大进展："新冠灭活疫苗的重大进展""嫦娥五号首次实现月面自动采样返回""奋斗者号创造中国载人深潜纪录""揭示人类遗传物质传递的关键步骤""研发出超高压电性能的透明铁单晶""2020珠峰高程测定""古基因组解释近万年来中国人群的演化和迁徙历史""大数据刻画迄今最高精度的地球3亿年生物多样性演变历史""深度解析多器官衰老的标记物和干预靶标""实验观测到化学反应中的量子干涉现象"。其涉及生命科学、航天科技、材料科学、信息科学、纳米科学等多个领域，可以为我们提供丰富的情境素材。

【案例】教科版六年级下册《地球的卫星——月球》（2011年版）

视频：嫦娥五号首次实现月面自动采样返回。

嫦娥五号任务是中国探月工程的第六次任务，关于月球，人类从古至今都对它充满好奇，我们也从未停止对它的探索。人类对月球经历了一个怎样的探索过程呢？迄今为止，我们又了解了多少关于月球的信息呢？让我们搭乘时光机器一起揭开月球的神秘面纱。

设计意图：通过学生感兴趣的航天科技的时事素材，激发学生学习的好奇心和求知欲。同时，可以感受科技进步给我们生活带来的巨大改变，从而培养学生热爱科学的情感态度价值观。

3. 情境创设链接思想道德教育要素策略

科学家发现真理的过程是一个漫长而曲折的过程，小学生对于科学知识发现的过程和科学家的故事具有很强的好奇心。我们要善于运用科技发展过程中的历史故事，让学生去经历知识产生的过程和了解背后的故事，这对培养孩子认识科学本质、培养实事求是和坚持不懈的科学态度具有重要的作用。同时，可以利用科学家自身的品格去影响学生，激励学生勇于探索和学习，运用事迹再现的形式，为学生营造良好的学习情境。

【案例】教科版五年级下册《人类认识地球及其运动的历史》（2011年版）

情境导入：讲述布鲁诺因坚持日心说被火烧的故事。

提出问题：关于地球及其运动，在历史上，曾经有哪些主要的观点和假说呢？古人为什么这么认为？

沿着时间轴回到过去，经历科学家探索地球及其运动的历史的过程，从“盖天说”“浑天说”，到“地心说”，再到“日心说”，最后到现在人们对宇宙的认识。“地心说”是错误的是否就说明这个学说毫无价值？

设计意图：人类认识地球及其运动是一个漫长的过程，可以先从学生感兴趣的科学家的故事入手，创设情境让学生经历科学家的探索之旅，用辩证的角度看待科学的发展，也认识到科学的发展可能需要经历漫长、曲折的过程，意识到坚持真理、不迷信权威才能推动科学的发展。

4. 情境创设链接能力的有效外显化策略

深度学习和浅层学习的一个重要区别就是是否能够实现知识迁移，运用知识去解决生活中的问题。知识建构是知识内化的过程，知识迁移与应用则是知识外显化的过程，在教学活动中要模拟知识迁移和应用情境。创设情境的过程中，典型的真实情境能够帮助学生把握事物的本质，而非典型的情境能够帮助学生区分事物的本质。

【案例】教科版三年级上册《风的成因》

在学习了自然风的形成原因是冷热空气流动形成的基础上，提出没有空气的太空是否会有风的问题情境。

学生：不会。

播放一个国旗在月球上飘动的视频引起学生的认知冲突。

思考：如何设计实验验证自己的猜想？

进行模拟太空环境的探究活动：一个没有通电的风扇在另一个通电风扇吹出的风的带动下转动。之后将两个风扇放进真空罩中，抽空空气，并观察现象。

根据现象总结结论：风是因为空气流动形成的，没有空气就没有风。

设计意图：通过创设迁移与应用情境，培养学生知识应用能力，并通过“没有空气会不会有风”的探究活动加深学生对风形成原因的深刻认识。实现对科学本质的把握，才能更好地培养学生的创新精神和实践能力，体现深度学习。

深度学习的提问策略

课堂提问既是一门技术又是一门艺术，有效的课堂提问可以帮助学生开启科学探索之路。有效的课堂提问可能会激发学生的探究兴趣，有效的课堂提问也可能启发学生的思维，有效的课堂提问还能在学生心中埋下科学的种子。只有在课堂上有效提问，才能促进学生思考，发散学生的思维，促使学生进行深度学习。

一、在深度学习中开展提问教学策略研究意义

一般认为，深度学习是指学习者通过整合知识内容，积极主动地、批判地学习新的知识和思想，并将它们融入原有的认知结构，并且能将已有的知识迁移到新的情境中的一种学习。它围绕学科核心内容组织探究学习活动，追求对学生高阶思维能力和问题解决能力的培养，而激发学生思维活动的方式是以有效的提问引发学生对信息进行比较、分析、概括、应用、综合和评估等深层加工处理。

有效的课堂提问，对学生和教师的重要性都是不一般的。

1. 激发学生的学习兴趣，提高其学习参与度

在教师创设的新鲜问题情境中，学生能回顾旧知，将旧知迁移到新的情境中，对于他们感兴趣的问题，学生积极寻求答案，这不仅有利于提高学生课堂的学习参与度，还能让学生处于主动探索的状态中，更易于吸收新知。

2. 使学生学习的目标明确化、具体化

在课堂中，教师可以针对不同的教学内容提出问题，学生通过思考、讨论或实验的方式，解决问题，完成课堂的教学目标。在问题的导向作用下，学生

能明确自己的任务，知道自己需要做什么，并主动地去完成。

3. 及时了解学生学习情况，调整教学方法

学生认知和情感，智力和认知结构的变化，是对教师提问的间接的或内隐的反应。教师提出预设的问题，从学生的回答和反应中，教师可以清楚地了解到学生对知识的感知、理解和运用水平，并据此做出合理的教学调整。

4. 发展学生的思维，提升课堂教学的质量

高质量的课堂提问，能在最少的投入下保证课堂有效率地进行，还能够帮助学生强化高阶思维能力，如解决问题的能力、分析评价的能力等，由此逐渐建构起较为完善的深层次知识体系。

总的来说，有效的课堂提问不仅能够激发学生的探索欲望，还能够引导学生深入思考、整合知识，促进学生思维和能力的发展。在一问一答的互动中，教师也得以把握住课堂的方向，及时评价和反馈。可见，有效的课堂提问能够促进深度学习的发生。

二、提问教学策略应用现状

1. 课堂提问形式化

在推进课堂环节的过程中，教师会选择用提问的方式帮助学生回忆知识点或做出判断，但在目前的课堂提问中，仍存在着“仅为了提问而提问”的情况，简单地提问某个知识点的概念、问学生是什么、让学生猜测对还是错，这种形式化的问题在加深课堂深度或提升学生思维能力上的作用其实并不大。

2. 课堂回应表面化

在课堂教学中，教师通过一个个问题，引导学生分析、探究，从而解决课堂焦点问题。在不同问题的推动下，课堂热闹非凡，学生积极踊跃，但有一些“热闹”场景，却仅有气氛，没有达到进阶的学习目标。如果教师提出的问题仅停留于表面，引导不够深入，学生的课堂回应也容易浮于表面，不同的学生都举手回答“是”与“不是”，“赞成”还是“不赞成”，并没有回答其中的含义，而教师也容易被误导，以至于无法通过学生的回应进行准确的课堂反思，这也无法对教师的教学质量提升提供帮助。

三、深度学习视域下提问的原则

1. 目标性原则

提问是为教学服务的，课堂提问要有明确的目的性，避免随意性、盲目性和主观性。课堂提问结合教学目的，围绕重难点展开，有的放矢方能一步步引导学生按逻辑思考，发散学生的思维，使学生进入深度学习。

2. 启发性原则

课堂提问的启发性是实现启发性教学的关键，教师要了解学生的心理特点、思维特点和思维“最近发展区”，从学生的心理和思维特点出发，提出难易适度的问题。问题难度过大，激不起学生的学习兴趣；问题过于简单，起不到启发学生思维的作用。难易适度的问题才能激发学生对科学学习的兴趣，引导学生自主思考、探索问题解决的方法，让学生“跳一跳、摘到桃”，发展学生思维。

3. 开放性原则

问题的“开放性”是相对于“封闭性”而言的，封闭性问题往往让学生不知道该怎么回答，害怕回答错误，提出封闭性问题后课堂上会出现无人回答的场面。将“封闭性”问题转化为“开放性”问题，学生心理上的畏惧情绪会减弱很多，会更愿意回答问题，分享自己的想法。

4. 阶梯性原则

教学的重难点不是一个问题就能解决的，需要教师设计一系列问题一步步引导学生得出。这一系列问题要考虑学生的认知规律，由浅入深，就像给学生搭梯子，每个问题相当于梯子的一格，梯子越高，问题就越深入。如果没有层次，信口提问，会扰乱学生的思维顺序。

5. 应用性原则

课堂提问不仅是为了推动教学进程，更重要的还是提升学生的思维和能力。在学习完理论知识之后，教师还要通过对解决问题的方法进行深度提问，如“有什么办法解决？”等问题，让学生将碎片化的知识或信息整合起来，促使其在应用和解决问题中掌握知识，提高学生应用知识和解决问题的能力。

6. 评价性原则

将评价性原则分为两方面来看，其既包括教师对学生回答的及时反馈，又包括学生评价性能力的提升。对问题进行分析和评价，对发展学生的知识理解能力和批判性思维都有很大的帮助。在问题的创设中，教师需要考虑设置“你觉得怎么样？”“你怎么看？”等高阶问题，以发展学生的思维。

7. 创造性原则

在布卢姆认知领域六个层次的学习目标中，“创造”为层次较高的思维活动。除了启发性和开放性的问题，教师还需要设置具有创造性的问题，如：“你还想知道什么？”让学生理解、思考之后，再拓展思维，使其自主创造新问题，主动了解新知识。

四、提问策略具体方法

提问法是教师根据学生已有的知识或经验，提问学生，并引导学生经过思考，得出结论，从而获得知识、发展思维的教学方法。提出问题时要把握好提问原则，在不同的情境下使用不同的提问策略，做到有的放矢地提问，才能发挥提问的作用，把学生无序的思维变得有序。在科学课堂上，要认真设计好问题，通过问题调动学生积极思考，发散学生思维，从而让学生进入深度学习。

小学科学课堂常用的提问方法包括制造冲突法、反向提问法、追问提问法、开放式提问法、比较提问法、直观提问法、解决问题提问法、分析评价提问法和递进提问法。

1. 制造冲突法

从心理学角度分析，在学习的过程中，学生会经历从平衡到不平衡再到平衡的循环过程。在课堂教学中，制造冲突情境，打破学生的心理平衡，学生就会本能地产生一种达到新平衡的需求，于是产生新的学习需要。如果课堂上能制造合适的冲突情境，学生就会产生学习兴趣，全身心投入，积极思考、探索。全身心投入学习是深度学习发生的前提。

【案例】教科版六年级下册《轮轴的秘密》（2011年版）

师：今天我们要做一个有关力量的比赛，现在我想选两名同学来参赛。

（一名强壮的男生和一名瘦弱的女生）

师：这两位同学谁力气会更大一些？

生：男生。

师：谁会赢？

生：男生。

师：虽然男生力气大一些，但我今天提供一个道具，这个道具可以让女生变成大力士。

拿出饮水机水桶，女生拿住大头，男生拿住小头。

女生握住水桶，男生用力，水桶不会转动。

男生握住水桶，女生用力，水桶转动起来。

同学们脸上都是不可思议的表情。

师：谁赢啦？

生：女生。

师：我这个道具太厉害了，有不服的同学还可以来挑战。

……

师：今天我们一起来研究道具让人变成大力士的秘密。

强壮的男生和瘦弱的女生比较力量，教师先问："谁的力气会更大一些？"学生都知道男生在力量上会更强一些，认为男生会赢。教师再说"可以让女生变成大力士"，并且让女生赢了这次比赛，使学生在认知上产生冲突，激发学生的好奇心，吊足了学生的胃口，让学生对接下来的研究更用心。

【案例】教科版五年级上册《制作钟摆》

师：通过上节课的学习我们发现钟摆摆动的快慢与哪些因素有关？

生：钟摆摆动的快慢与摆绳的长短有关，与摆锤重量和摆动幅度无关。

师出示材料，问：同学们，我这里有两个钟摆，它们的摆绳长度相同，请猜测，它们的摆动快慢相同吗？

生：因为摆绳长度相同，我觉得摆动快慢相同。

师：真的是这样吗？我们一起来看看。

师演示同时放手两个钟摆，学生分成两部分分别观察并数两个钟摆的摆动次数。

师：这两个钟摆摆动次数相同吗？

学生诧异地说：不同。

师：那我们今天继续研究钟摆摆动快慢的秘密。

通过前面几课的学习，学生发现钟摆摆动的快慢只与摆绳长度有关，与摆锤重量和摆动幅度没有关系。一开始，学生对前一课的结论深信不疑，但在教师的演示和追问下发现并非如此，与之前的认知产生了矛盾。这样一段提问与对话很好地激发了学生的探究兴趣，为本课的顺利进行奠定了基础。

2. 反向提问法

在科学课堂猜测功能和作用时，对于不熟悉的事物，学生很难猜到它的作用，直接提问很难起到提问的效果，最后往往会纠结缠绕很久或是教师直接给出答案，这样就没有充分调动学生的思维。如果在这类问题前先提出“如果没有”就会给学生一个阶梯，让学生沿着这个阶梯走得更容易，还能调动学生思维，使学生通过自己的思考找到相关的答案。

【案例】教科版五年级上册《身体的运动》

（在猜测骨骼的作用时）

师：同学们思考一下，如果没有骨骼人会怎样呢?

生：人会软绵绵，立不起来。

师：那你们觉得骨骼的作用是什么呢?

在这个教学片段中，教师没有直接提问“骨骼的作用是什么”，而是先问“如果没有骨骼会怎样”，再问“骨骼的作用是什么”。如果直接提问“骨骼的作用是什么”，容易让学生陷入不知道怎么回答，或者答案不能直接指向骨骼作用的情况。采用迂回反向的方法，先问“如果没有骨骼会怎样”，再问“骨骼的作用是什么”。学生通过前一个问题的引导，很容易回答出骨骼的作用。故在这类问题中，我们可以采用反向提问的方法。

【案例】教科版四年级下册《茎和叶》

（在猜测植物茎的作用时）

师：同学们想一想，如果植物没有茎会怎样?

生1：那根吸收的水只能在根部，不能运输到植物的叶。

生2：植物的枝条没地方长。

师：这说明植物的茎有什么作用?

学生对植物茎的作用比较陌生，在课堂上如果直接提问“大家猜猜植物的茎有什么作用”，那么得到的答案五花八门，学生很难想到运输作用和支撑作用。如果反向提问“如果植物没有茎会怎样”，再问“植物的茎有什么作用”，就为学生搭好了一个“脚手架”，让学生顺着“植物没有茎会怎样”思考，调动学生的思维，使学生很快能猜到植物茎的作用，避免教师直接告诉学生答案。

3. 追问提问法

追问是对某一问题提问之后又再一次提问，在课堂提问环节经常会用到追问策略。追问作为前次提问的补充和深化，追求的是发展学生思维的深度和广度，这对培养学生思维的深刻性有着不可忽视的作用。追问能让学生检索自己的思维过程，调整思路。追问还会让学生走向深入思考，促进学生深度学习。

【案例】教科版四年级上册《运动与摩擦力》

师：我们要怎样才能知道，用滚木运输这些大石块会更省力呢？

生1：可以做实验，用一个物品假装大石块，给它加上一些滚木，看看用多大的拉力可以拉动它。

师：大家同不同意他的做法，还有其他想法吗？

生2：准备一个物品假装大石块，首先直接在桌面拉动它，看看需要多大的拉力，其次再放上滚木，看看在桌面拉动它需要多大的拉力。

师：你们同意谁的做法，为什么？

生：同意第二个同学的做法，因为两种情况有对比。

师：怎么做才能知道拉力的大小呢？

生：可以给它绑上绳子，在绳子的另一端挂上垫圈，像第一课一样，用垫圈的数量表示拉力的大小。

师：为了统一标准，老师给大家准备了一个纸盒和两块橡皮当作需要搬动的物体。你们还有其他补充吗？

生1：垫圈要一个一个增加。

生2：实验要重复三次，取平均数。

在这个案例中，教师提问“怎样知道用滚木运输会更省力”，通过追问，激发学生思考，让学生找到了对比实验的方法。再围绕“直接在桌面拉动它，看看需要多大的拉力；再放上滚木，看看在桌面拉动它需要多大的拉力”“怎么做才能知道拉力的大小呢”等多个问题展开，通过一个一个问题追问，让学生明确了为何做、做什么、怎么做。厘清了这些问题，学生掌握了动手的关键步骤，才能顺利有效地开展实验，达到深度学习的效果。

【案例】教科版三年级下册《茧中钻出了蚕蛾》

（学生观察蚕蛾后交流观察的发现）

师：通过对蚕蛾的观察，你有什么发现？

生：蚕蛾有翅膀。

生：翅膀摸上去有粉末。

师：谁对翅膀还有发现？

生：我看到了两只翅膀。

师：是两只吗？

生：是四对。

师：是四对吗？

生：是四只，两对。

师：这两对翅膀是一样的吗？

生：不一样，上面的大一些，下面的小一些。

从蚕宝宝到蚕蛾发生了很大的变化，学生最先观察到蚕蛾长出了翅膀，很兴奋。学生的观察虽然很认真，但是往往比较片面，缺乏深入思考。教师通过追问：“谁对翅膀还有发现？”让学生投入更为细致的观察。当教师发现学生对翅膀的数量认识不对时，追问：“是两只吗？”这时学生再次审视自己的观察结果，进一步观察原来是四只，两对。接着教师又问：“这两对翅膀是一样的吗？”将学生的思考引向更深层。

4. 开放式提问法

与封闭式问题相比，开放式问题常用“你认为”和“你觉得”的形式，问题带有主观性，在回答开放式问题时，学生心理上的畏惧情绪会减弱，不害怕回答错误，因此也会更积极地回答开放式问题。封闭式问题常用“是不是”和“是什么”的形式，这样的问题答案具有确定性，学生会害怕回答错误，提出这样的问题后往往出现无人回答的冷清场面，教师也难以对封闭式问题的答案进行延伸和拓展。因此，将封闭式问题转变为开放式问题，有利于训练学生广泛而深入的思维，达成深度学习的目的。

【案例】教科版四年级上册《声音是怎样产生的》

A教师：你知道声音是怎样产生的吗？

B教师：你觉得声音产生的原因可能是什么？

A教师和B教师的提问对比，“你知道声音是怎样产生的吗？”学生对声音很熟悉，但对于声音是怎样产生的不知道怎样用语言来回答。“你觉得声音产生的原因可能是什么？”此时答案具有不确定性，学生可从多角度切入，活跃思维。

【案例】教科版五年级上册《光是怎样传播的》

A教师：你能说说光是怎样传播的吗？

B教师：你认为光传播的路径可能是怎样的？

对比这两个问题，A教师的问法是封闭式的，B教师的问法则是开放式的。封闭式的问题答案具有确定性，会让学生怕回答错误而不敢回答。这种问法会打击学生信心，影响学生的课堂参与度。B教师“你认为”的问法，答案具有不确定性，学生可从多角度切入，减轻学生怕回答错误的心理负担，提高其课堂参与度。

5. 比较提问法

对比发现差异是学生在学习时不可或缺的能力，在接触到新的知识或概念时，学生会自然而然地在脑海里提炼它的特点，从而加深对它的认识。但这种认识是学生自己去感觉和探寻的，不一定完全准确。此时，教师可以直接将学生心中慢慢涌现的想法呈现于台上，明确地提出“你可以说出……和……之间的差异吗”“你能说说……和……的共同点吗”等问题，让全班学生通过比较发现更多的共同点和不同点，加深学生对知识之间联系的认识。

另外，从不同的物体特征中发现问题也是科学课堂中必不可少的环节，当需要学生发现如结构决定功能、环境影响生物、生物适应环境等深层次概念时，教师可以选择先引导学生寻找不同对象的差异性，并发现其中规律的方式。

【案例】教科版三年级下册《动物的繁殖》

师：鸡的繁殖方式是怎样的？

生：通过孵化鸡的卵进行繁殖。

师：它和我们学过的哪些动物有相似之处呢？

生：蚕！

师：你可以说说鸡和蚕有什么共同点吗？

生：都是通过产卵繁殖后代的，新生命都是从卵中产生的。

师：像这一类的动物，我们把它称为——？

生：卵生动物。

学生在学习鸡的繁殖方式之前，已经深入学习了蚕的一生，所以在这一课的学习中，充分利用学生的前知进行提问是一个很好的方式。将具有相同点的鸡和蚕放在一起进行类比，学生在比较中能发现它们的共同特征，并通过进一步的归纳概括，总结出卵生动物的特点，这也巩固了已学的蚕的繁殖方式相关内容。

【案例】教科版五年级下册《绿豆苗的生长》

师：你能找出香蕉树、松树和仙人掌三者之间的差异吗？

生：叶子的大小形态各不同。

师：除了本身的形态特征，还有别的不同点吗？

生：它们的生长环境也不同。

师：有什么不同？

生：香蕉树生长在阳光、雨水比较充足的地方，松树生长在高山岩石较多的地方，仙人掌生长在沙漠！

师：这说明了什么问题？

生：不同环境下生长的植物形态结构不同。

不同环境下生长的植物形态结构是不同的，这是一个需要学生发现的科学规律，如何能发现它呢？教师通过比较提问法引导学生找出不同环境下生存的植物之间的差异。表面上的形态差异，学生可以较轻松地说出，背后的原因教师同样可以用比较提问的方式让学生自己发现，最后只需要带领学生将二者联系在一起即可，这比教师自行说出结论的效果要好很多。

6. 直观提问法

由于受思维发展或知识积累的限制，课堂上常常会出现教师提出较为抽象的问题后，学生在短时间内无法理解和转化思路的现象。学生对教师提问的思考只停留在事物的表面，无法进行多方面、深层次的思考，这容易使学生失去思考的信心，也会直接影响课堂的教学质量。所以，在需要学生提炼知识内容或总结概括时，教师可将问题化繁为简、化抽象为直观，如将一个大范围问题拆解成几个相互联系的小问题，帮助学生厘清思路，或调动学生的生活经验，给予他们简单直观的思考方向。

【案例】教科版四年级下册《点亮小灯泡》

学生分组完成点亮小灯泡的实验，汇报能点亮小灯泡的方式。

师：在连接好的电路中，电流从哪里流出？流经什么地方？最后会流向哪里？

相比抽象的直接提问“电流是怎么流动的”，教师将问题拆解成“从哪里到哪里”，学生对此能有一个明确的思考方向，从起点到中转站再到终点，这对于学生厘清思路、解决问题都有益处。

【案例】教科版六年级上册《生物的多样性》（2011年版）

学生通过多媒体课件、视频的方式认识不同的植物。

师：我们可以观察一下，植物的形态结构或生长环境有什么特点呢？这能为我们对它们进行分类提供帮助吗？

如果教师直接提出问题：“我们应该如何对植物进行分类呢？”学生面对这种宽泛又抽象的问题往往无从入手，课堂交互也容易陷入困境。此时教师选择将问题修改，将其变成可开展联想的问题——“这些植物长什么样？生长在哪些地方？”借此激活学生思维，并顺利展开深度科学探究。

7. 解决问题提问法

深度学习重视学生自我建构并解决问题的过程，在课程知识重难点的学习之后，教师可以通过提出“如何解决问题”“如何处理”等问题进行深度追问，让学生将知识内容或信息整合起来，建构自己的知识体系，并有效迁移运用到真实情境中，促使其在应用和解决问题的过程中掌握知识。

【案例】教科版四年级下册《导体和绝缘体》

师：实验中所检测的物体有什么差异？

生：有的能导电，有的不能导电。

教师总结导体和绝缘体的概念。

师：现在需要你制作一个电灯插座，你会选择什么材料呢？

在新概念的学习结束后，如果只用回忆列举的方式帮学生总结内容，学生容易对概念死记硬背。但教师提出一个需要解决的生活问题——要制作电灯插座，学生则需要思考回答，考虑现实的可行性，如哪部分的功能需要对应材料的什么特点，需不需要有防火防裂的额外功能等。联系生活，实践解决，能促使学生真正地理解知识。

【案例】教科版五年级下册《设计和制作生态瓶》

学习并总结生态系统的结构与功能特点。

师：你能为小鱼制作一个家吗？在这个制作过程中需要考虑到哪些问题？

在此案例中，如果教师仅仅提问“什么是生态系统？它的各个部分和功能是怎样的？”学生只会将记忆的内容进行重复，但当教师提出问题——为小鱼建造家，学生在回答问题时需要思考选材、成分、布局，思考各种各样的小细节。在这个实际的应用过程中，学生充分调动自身所有的知识储备，思考生态系统应该有什么、各个部分的功能是什么、怎么设置更加合理等知识内容，借此也将自己的应用水平能力引向新的发展。

8. 分析评价提问法

“评价”层次的学习目标更考验学生综合运用知识的能力。面对一种实验方法，或是一种研究结果，如何一分为二地进行评价，这需要学生具备足够的知识储备和丰富的实践经验。此类问题一般在课堂的最后环节提出，与解决问题提问法相辅相成，解决问题是自己思考出实用的方案，而分析训练是对别人的方案进行审视和评价，目的是培养学生深层次的理性思维。

【案例】教科版五年级上册《身体的“总指挥”》

学生总结了脑的各部分功能特点。

教师展示出课程表安排。

师：根据脑的功能特点，你能评价一下这个课程表的安排吗？

在分析评价环节中，学生需要调动起所有关于脑的活动特点，并与课程安排进行对比，思考分析如何利用并发挥好脑的不同区域，为学科适配出合理的学习和认知时间，从而对教师提供的课程表提出修改意见并说明原因。

【案例】教科版四年级上册《营养要均衡》

学习总结膳食均衡宝塔。

给小明同学制定一天的食谱。

师：根据合理膳食的原则，你能制定小明同学一天的食谱吗？

面对制定食谱的任务，学生需要思考总结不同的食物含有的营养成分，再用批判的思维对问题进行分析和评价，摒弃不合理的安排，完善食谱内容。在这个过程中，学生需要调动各项技能，如想象能力、反向思维能力和评估能力等，这对于学生思维和学习能力的培养都有很大的帮助。

9. 递进提问法

教师在设计问题时，需要了解学生的认知结构和生活经验，并考虑学生知识体系的逐步完善，避免设计“戛然而止”的单一问题。在重难点的突破中，如某些现象背后原因的思考，教师可以选择使用递进提问法，设置的每个问题之间前后联结、由浅入深、逐步递进，利用递进的对话使学生在新旧知识之间建立联系，从而建立起高阶的思维模式。学生在回答问题的过程中，可以不断思考，将浅表学习转变为深度学习，亲历知识的形成过程，并整合搭建出新的知识框架。

【案例】教科版四年级上册《运动与摩擦力》

学生分组完成拉动小车实验并汇报结果。

师：在实验中，你发现了什么？

生：当垫圈的数量较少时，小车无法被拉动，当垫圈达到一定数量后，小车才动起来。

师：为什么垫圈数较少时，小车一直都不动呢？

生：可能是小车受到了阻碍。

师：这个过程中有什么限制了它的运动吗？

生：可能是摩擦力的作用。

师：那为什么垫圈数量达到一定的程度，小车就动了呢？

生：当垫圈的重力比摩擦力大了，小车就动了。

通过“发现了什么—为什么—怎么样”的递进式提问，由浅入深地帮助学生从实验的现象，一步一步走近摩擦力的奥秘，探索出知识的核心本质。在这个发现本质的过程中，教师只完成了搭建的任务，而学生自行完成阶梯的过渡。

【案例】教科版四年级上册《声音是怎样产生的》

学生分组完成并观察“制造声音”的实验。

师：敲击音叉和鼓面、按压钢尺时，你发现了什么？

生：三个物体都发出了声音，音叉和鼓面的声音较大，钢尺的声音较小。

师：这几种不同的发声物体有什么共同特征呢？

生：都是我们敲打或按压之后发出声音。

师：那人说话是怎么发出声音的呢？

生：是哦……（学生继续思考）

师：同学们在实验中是如何让鼓声或音叉声停止的呢？

生：用手把它按住就可以了！

师：用手按住的时候有什么感觉呢？

生：感觉到物体都在振动。

师：所以你能说说声音产生的原因可能是什么吗？

生：物体振动的时候会产生声音。

教师先提出问题“敲击音叉、鼓面和钢尺”的共同特征是什么，学生容易发现声音是因为敲打产生的，紧接着教师利用人发声的例子让学生进一步寻找相同点，然后利用实验中学生的行为引导他们发现真相，最后总结出结论。在这个过程中，教师通过由浅入深、由表面到深层的问题引导，让学生在回答问题的过程中，逐步寻找和发现发声物体的共同特征，最终完成其背后原因的知识建构。

深度学习中以大概念的理念建构概念策略

小学科学教育在注重培养学生良好的科学素养的同时，还应让学生对科学的概念和过程有一个基本理解。[①]科学教育的目标不是去获得一堆堆砌起来

① 刘洋. 儿童科学大教学探索［D］. 锦州：渤海大学，2014.

的事实和理论，而应是实现一个不断向科学大概念发展的进展过程。在科学教学中，我们不仅需要强调探究过程，更重要的是让学生了解并理解核心概念。以大概念的理念建构概念是深度学习的一个非常重要的策略。通过引导学生建构以大概念为目标的概念体系，可以帮助学生理解科学的本质，提高其学习效率，更好地组织和运用科学知识。

一、深度学习中开展大概念教学的意义

1. 大概念在概念教学的意义

有关儿童科学概念学习的研究在国外心理科学领域已经有近百年的历史。自20世纪50年代认知科学兴起以后，对儿童科学概念学习的研究在认知科学领域也是人们关注的重点。

有关科学“大概念”的理念直到2010年才提出。英国教育家温·哈伦在《科学教育的原则和大概念》中提出，科学教育应该致力于理解一些科学上有关的大概念，包括科学概念和关于科学的概念[①]，并指出应该从学生感兴趣并与他们生活相关的课题开始，从小概念逐步进展到大概念。李晶教授在《科学新课程教学与教师成长》中提出，科学主题，可以称为大的思想，是起骨架或框架作用的概念。当发现概念可以用来解释新的经验时，这个概念就发展成“较大的”概念。在《科学课标》中，也体现了应该围绕科学概念来进行科学教学的理念。

上述理论强调概念教学对提高儿童认知水平的重要性，并指出通过建立概念体系，可以帮助学生建立教学内容和大概念之间的联系，提升学生的理解能力、探究能力和概念建构水平。

2. 概念体系在大概念教学中的价值

前概念，又叫前科学概念，在教学中泛指学生对所学知识已有的认知和了解。从概念发展的顺序来看，“前概念—新概念—大概念”是在不断迭代发展的，进而形成了概念体系。也就是说，每个教学活动前学生都有前概念，教学

① 温·哈伦. 科学教育的原则和大概念［M］. 韦钰，译. 北京：科学普及出版社，2011.

活动中建构的新概念又成为未来更高的学习活动的前概念。教学活动中，需要教师思考三个问题：学生的前概念是什么？新建构的概念是什么？未来指向的大概念是什么？利用大概念的理念来建构概念，其实就是帮助学生建立概念体系，帮助教师理解每个概念在体系中的位置和作用，在教学中努力朝着大概念的发展方向去渗透和引导。

二、利用大概念的理念建构概念的策略

以大概念的理念组织教学并不是把大概念直接教给学生。深度学习中，教师应该站在大概念的高度上，梳理概念体系，审视概念进程，选准基本教学问题，选择有效的教学方法和教学情境来促进学生科学概念的建构，并促使学生的科学概念朝着大概念的方向发展。

1. 建立概念体系

深度学习中，为了帮助学生发展大概念，教师必须理解和梳理大概念的发展进程。为了更好地理解从小概念发展到大概念的建构进程，我们把这个进程分为四个部分，分别是小概念——基础知识、基本技能，大概念——发展到学科视角的核心概念，跨学科的主题，哲学观点。为了更好地理解，我们建构了模型来理解大概念以及大概念的发展路径。

【案例】教科版四年级上册《水能溶解一些物质》

下图为以水能溶解一些物质来梳理小概念到大概念的建构进程。

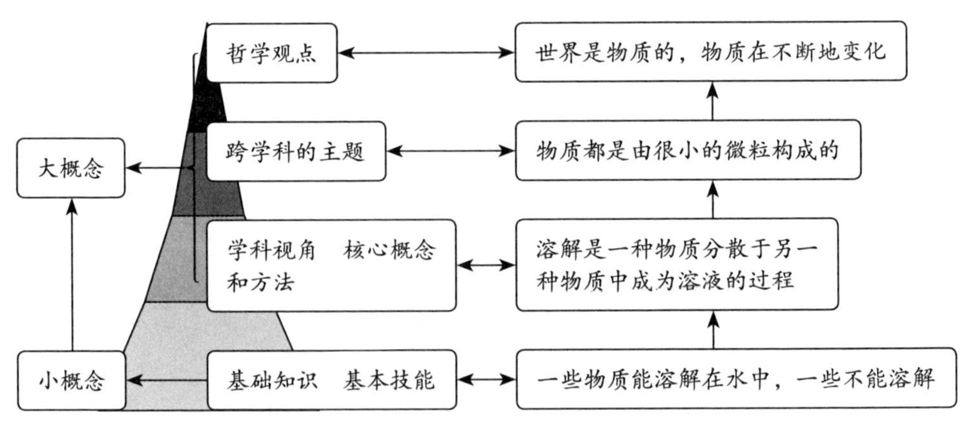

在《水能溶解一些物质》一课中，学生需要掌握的基础概念对应的就是

“一些物质能溶解在水中，一些不能溶解”。对应的核心概念是“溶解的概念：一种物质（溶质）分散于另一种物质（溶剂）中成为溶液的过程”。本课的跨学科的主题就是物质都是由很小的微粒构成的。“世界是物质的，物质在不断地变化”就是这节课的理论依据，也就是哲学观点。通过建立概念体系，教师就能清楚了解学生当前所应达到的水平和未来向大概念发展的进程和方向。

【案例】教科版六年级上册《小苏打和白醋的变化》

《小苏打和白醋的变化》一课是学生初步明白物理变化和化学变化后的第一个化学实验。学生观察小苏打和白醋的特点，并观察两者混合后产生的现象。学生通过观察现象、做出假设、寻找证据、得出结论，从而总结出化学变化的主要特征：产生了新物质。本课的基础概念是小苏打和白醋会发生化学变化，产生气体。从学科视角来看，本课的核心概念是有无新物质产生是区分物理变化和化学变化的关键条件。在教学中，我们可以先建立概念体系，了解概念的建构目标和方向。

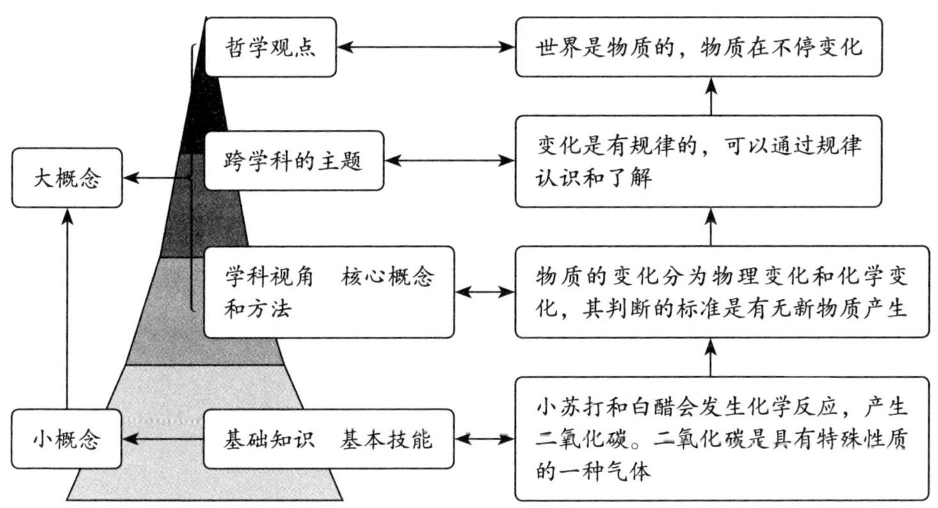

【案例】教科版五年级下册《热起来了》

《热起来了》一课，用一个令人遐想的课题来激起学生的求知欲，同时点明了本课的主题。围绕这个主题，教材从日常生活引入，设计了“怎样可以产生热”这个话题。在“怎样可以产生热”的探究中，让学生通过观察、实验、思考去认识有多种方法可以产生热，并通过实验，使学生初步建立起“加穿衣服只是起保温的作用”的认识。

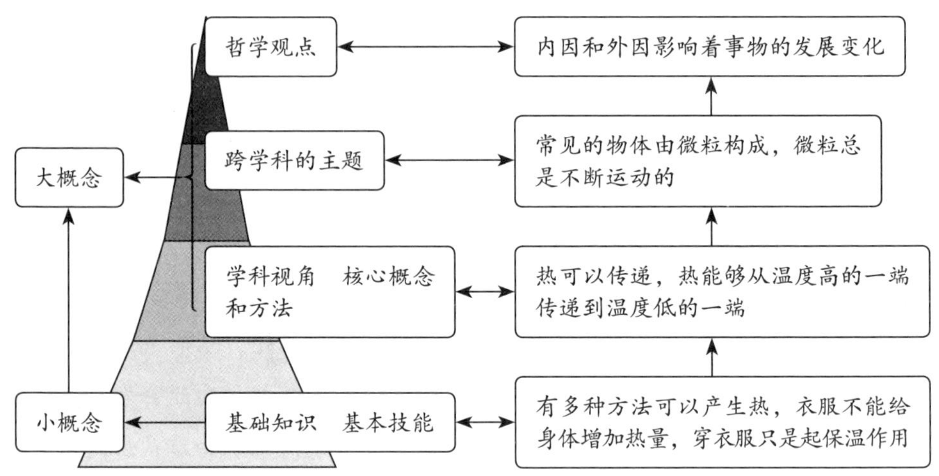

本课的小概念是“有多种方法可以产生热，穿衣服只是起保温作用”，其学科核心概念是“热是一种能量，能从温度高的一端传递到温度低的一端”。在教学中应把握这一概念体系，培养学生善于质疑、思辨、验证的科学思维。

2. 选准基本教学问题

选准基本教学问题，就是确定单位时间内的学习重心。选准基本教学问题，是有效开展教学活动的关键。在基本教学问题设计过程中，教师都要反复思考：通过本节课的教学，最终希望学生知道什么、理解什么？以科学大概念为定向标准去选准基本教学问题就是根据科学大概念理解一节课的教学内容，识别该节课的核心概念，明确其所占位置及与大概念的关系，然后把核心概念转化成基本理解，最后把基本理解以基本问题的形式表达。目的是在实际教学活动中，以这些问题去驱动教学，促进学生的基本理解。

【案例】教科版四年级上册《水能溶解一些物质》

《水能溶解一些物质》一课中，教材的设计思路是：①观察溶解现象；②怎样才算溶解？③谁还能溶解？④总结溶解的特点。

通过大概念选择基本教学问题，要分析本课指向的科学大概念：物质是由很小的微粒构成的。对应的核心概念是：溶解即微粒分散成溶液。教学中，我们不一定要学生掌握“溶解”这个具体概念，但是我们可以把“溶解”这个核心概念以基本问题的形式表达。本课的设计思路就可以调整为：①指向微粒的观察。②颗粒怎样变成微粒？③微粒是如何分布的？④微粒的大小是怎样的？通过让学生理解这四个基本问题的方式来理解核心概念。通过两种设计思路的对比，我们发现以科学大概念为定向标准去选准基本问题，我们的课堂教学就会目标明确、立意高远。

【案例】教科版六年级上册《小苏打和白醋的变化》

《小苏打和白醋的变化》一课中，教材的设计思路是：①观察白醋和小苏打的特点。②观察白醋和小苏打混合后的变化。③产生了什么气体。

通过大概念选择基本教学问题，要分析本课指向的科学大概念：世界是物质的，物质在不断变化。对应的核心概念是：物质的变化分为物理变化和化学变化，其判断的标准是有无新物质产生。在教学中，我们不一定需要知道产生的气体具体是什么气体，我们只需要知道产生的气体是一种新物质即可。所以本课的基本教学问题，就从“产生了什么气体”调整为“产生的气体是否是新物质”。具体设计思路调整为：①观察白醋和小苏打的特点。②观察白醋和小苏打混合后的变化。③产生的气体是否是新物质。④小苏打和白醋混合的变化是化学变化。

在40分钟的课堂教学中，以及有限的条件下，很难确定产生的气体是否是二氧化碳。而本课只需要判断产生的气体是否是新物质，从而据此认识化学变化。教学中，如果偏移基本教学问题，容易导致探究方向的偏差，甚至因为追求错误的教学目标而导致“伪探究”等现象的出现。

3. 层递性设计教学

层递性设计教学就是要求教师在设计教学活动时，层次分明、从易到难、循序渐进。教学中，教师应站在大概念的视角上分析概念的层次和结构，并层递性设计教学活动，让学生在丰富、有层次的活动中发展概念，获得新认知。

【案例】教科版四年级上册《不同物质在水中的溶解能力》

《不同物质在水中的溶解能力》一课，核心概念是初中化学中的“溶解度”。我们把核心概念表达成三个基本问题：①不同物质的溶解能力。②不同量的水的溶解能力。③不同温度溶解能力。

通过以上分析，我们就可以有层次地开展教学活动。第一层次：全面了解不同物质的溶解能力，如固体、气体等。第二层次：溶剂即水量的不同，对物质的溶解能力的影响。第三层次：深入了解特殊条件的影响，如温度也会较大地影响溶解能力，我们可以通过降温使水在100℃时溶解的食盐重新结晶出来，让学生理解温度对溶解能力的影响。

【案例】教科版三年级上册《我们来做“热气球”》

《我们来做“热气球”》一课，其核心概念是空气受热会上升。我们把核心概念表达成三个基本问题：①加热的是空气吗？②加热的空气发生了什么变化？③加热的空气是如何让气球上升的？

通过以上分析，我们将教学活动分为以下几个层次。第一层次：观察生活中的热气球是如何上升和下降的。第二层次：小组合作尝试将模拟气球的塑料袋升起来。第三层次：解释装有热空气的塑料袋为什么会上升。第四层次：解释生活中的孔明灯为什么会升上高空？

通过层递性设计教学活动，我们的课堂教学就既具有宽度又具有深度。在丰富、有层次的教学活动中，概念体系不断扩大，核心概念不断向大概念发展。

4. 创设合适的教学情境

如果学习者认为学习的任务对他们没有意义，他们要理解所学内容会很困难。如果能够将新的经验和他们已有的经验相联系，学生因好奇而希望寻求问题的答案时，学习会更为有效。所以，教学情境的创设对学生概念的迁移起着非常重要的作用。在教学中，我们创设情境要遵守两个原则：①来源于学生的生活（前概念）。②要跟建构的核心概念密切联系，为核心概念的建构服务。用大概念的理念组织教学还意味着以科学大概念为定向标准去选择合适的教学情境。

【案例】教科版四年级上册《溶解的快与慢》

《溶解的快与慢》一课的核心概念是微粒运动得越快，溶解就会越快。怎样聚焦到这个问题上呢？吃糖是所有学生都有的经历，不同的吃法，决定着吃糖的速度。课堂上直接进行一个吃糖的游戏：两颗同样的糖果，一颗是完整的，一颗被切碎。两个同学在不许嚼的情况下，谁先吃完这颗糖？为什么？

【案例】教科版三年级上册《空气有质量吗》

《空气有质量吗》一课的核心概念是空气有质量。怎样快速聚焦到对这个问题的探索呢？课堂教学中，可以先拿出两个一样大小和质量相同的未充气的气球，分别挂在天平秤的等距离两端，天平秤平衡。将一端的气球充入空气，天平秤会继续平衡吗？当学生观察到天平秤不再平衡了，很快会意识到可能是充入的空气有质量，才导致天平秤失去平衡，从而快速聚焦到空气是否有质量的研究上。

以大概念为定向标准去创设合适的教学情境，既有利于问题的迅速聚焦，又有利于核心概念的建构。

三、利用大概念建构科学概念的基本模式

1. 学前调查

为了掌握学生的前概念，我们以单元为单位对学生进行学前调查（图4–2–1）。在每个单元的起始课上，学生通过预习、提问、总结概括的方式，提出自己感兴趣的问题。教师通过对学生问题进行分类、整理和修改，形成了学前调查的重要依据。教学中，尝试让学生进行多次回答。通过学生第一次的回答，了解学生的前概念，并以此设计教学活动。

1、什么是重力呢？
答：一个物体的重量就是重力。
2、什么是弹力？
答：被弹、蹦起来的力量就叫弹力。
3、什么是反冲力？
答：朝反方向退后一点，瞬间被弹去就叫反冲力
4、什么是摩擦力？
答：一个物体摩擦一样光滑物体产生奇特现象就叫摩擦力。

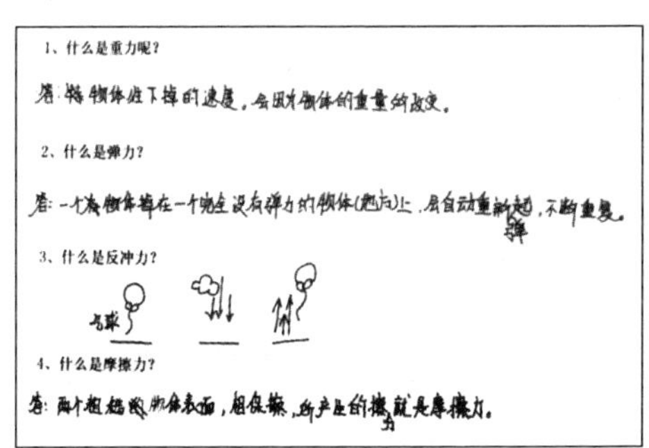

图4–2–1

2. 分析核心概念发展的线索

建构科学大概念不是直接把大概念告诉学生，也不是通过一两节课的教学就能完成的事情。在教学中，需要教师以单元为单位，整体把握教材，充分挖掘课与课之间的内在联系，厘清课与课的概念之间的关系，从而找出核心概念发展的线索，完善学生的认知结构，形成核心概念。

小学科学教材中，我们发现单元概念之间通常有以下几种关系：并列关系、递进关系、从属关系。

每个单元，我们通过画单元概念思维导图来理解单元的概念体系和发展线索。

【案例】教科版四年级上册“溶解”单元

“溶解”单元，通过思维导图分析，我们发现核心概念之间是一种并列关系，都是溶解这个大概念中的某一方面。其核心概念的发展线索是：什么是溶解—怎样溶解—各种溶解现象—溶解能力—溶解快慢—分离溶解的盐与水。

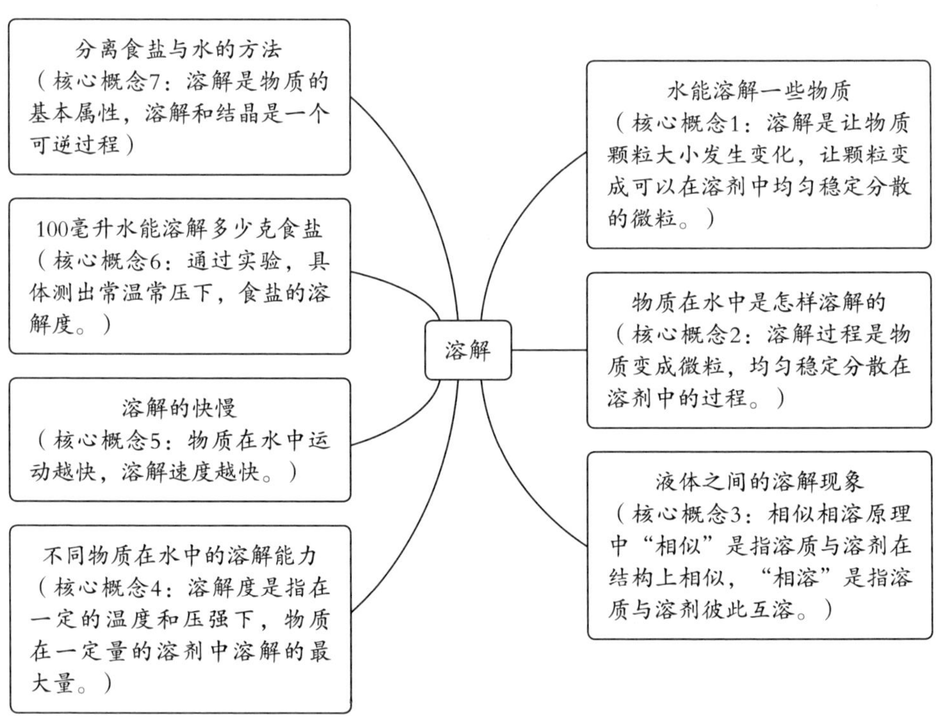

3. 建立每一课的概念体系

对某一课时进行备课，需要用大概念的理念进行概念建模，厘清本课时的核心概念，明晰其在单元核心概念中的位置和作用，并站在核心概念的高度，确定本课的基本问题和概念建构的方向。哲学观点就是本课的理论依据，跨学科主题是教师需要理解的，“学科视角，核心概念”就是教师希望学生达到的概念建构的高度，基础知识就是我们概念建构中的一个个抓手。

【案例】教科版四年级上册“溶解”单元

“溶解”单元每一课的概念体系：

	基础知识、基本技能	核心概念	跨学科主题	哲学观点
第一课	了解一些物质可以溶解在水中，一些物质不能溶解在水中	溶解是让物质颗粒大小发生变化，让颗粒变成可以在溶剂中均匀稳定分散的微粒	物质是由微粒组成的	世界是物质的，物质是变化的
第二课	能观察和描述高锰酸钾在水中的溶解过程，并想象食盐的溶解过程，形成“溶解”的描述性概念	溶解过程是物质变成微粒，均匀稳定分散在溶剂中的过程	物质是由微粒组成的	世界是物质的，物质是变化的
第三课	一些液体能均匀地、稳定地分散在水中，溶解于水，另一些液体（如食用油）不能	相似相溶原理中“相似”是指溶质与溶剂在结构上相似，“相溶”是指溶质与溶剂彼此互溶	物质是由微粒组成的	世界是物质的，物质是变化的
第四课	不同的物质在水中的溶解能力不同	溶解度是指在一定的温度和压强下，物质在一定量的溶剂中溶解的最大量	物质是由微粒组成的	世界是物质的，物质是变化的
第五课	了解可溶性的固体物质在水中溶解的快慢与物体颗粒的大小、水的温度、液体是否被搅动等因素有关	物质在水中运动越快，溶解速度越快	物质是由微粒组成的	世界是物质的，物质是变化的
第六课	一定量的水只能溶解一定量的食盐	通过实验，具体测出常温常压下，食盐的溶解度	物质是由微粒组成的	世界是物质的，物质是变化的
第七课	食盐可以溶于水，也可以结晶出来	溶解和结晶是一个可逆过程	物质是由微粒组成的	世界是物质的，物质是变化的

4. 指向核心概念设计教学活动

站在核心概念的角度进行教学设计，有利于教师对教材进行重新加工和整合。因此，当教师在做教学设计时，首先要分析概念体系，找准一节课的核心概念以及指向的大概念，其次从基本问题的角度，分析和设计核心概念的建构思路。

【案例】教科版四年级上册“溶解”单元

《水能溶解一些物质》一课中，常规设计思路是：①指向溶解现象。②怎样才算溶解。③谁还能溶解。④溶解的特点。如果指向大概念（物质是由很小的微粒构成的），我们的设计思路可以变为：①指向微粒的观察。②颗粒怎样变成微粒。③微粒的分布。④微粒的大小。

《不同的物质在水中的溶解能力不同》一课中，常规设计思路是：①食盐和小苏打在水中的溶解能力。②气体在水中的溶解能力。如果指向核心概念（溶解度），我们的设计思路可以为：①食盐、小苏打分别在100毫升、50毫升水中的溶解能力。②食盐在100℃和50℃水中的溶解能力。③空气在水中的溶解能力。

通过指向核心概念来设计教学，我们的课堂教学就会显得目标明确、立意高远。

5. 学后反思

单元教学全部结束之后，让学生整理自己的答案并思考：单元教学之前的想法和现在的想法是否一致，区别是什么，如果有区别，其原因又是什么。通过这个过程让学生思考自己的想法是如何改变的，新概念是如何转化和迁移的。

教师通过让学生讨论和写反思的方法，来了解学生的思维脉络和思维转化的过程，有利于学生总结提高，也有助于教师反思和提高自己的教育教学。

总之，基于大概念的教学，学生经历的科学研究过程中对概念背后的本质内涵的了解，有助于帮助学生建立一个完整的对世界的认识和理解。[①]利用大概念的理念组织教学，有利于学生建构核心概念，更好地形成和拓展概念体系；还有利于教师把握和理解教材，更好地设计和组织教学活动。

① 胡媛媛. 基于大概念理念进行小学科学教学设计的思考［J］. 科学大众（科学教育），2016（868）：37.

深度学习的认知冲突策略

捷克教育家夸美纽斯提出："寻求一种有效的教学方式，使教师可以教得更少，学生可以学得更多。"直至今天，寻求一种高效的教学模式仍旧是我们教学的基本宗旨。在教学实践中，合理创设认知冲突能有效地提高课堂教学效率，激发学生进行深度学习。

一、在深度学习中开展认知冲突教学策略研究的意义

科学学习是多角度的，不管在课堂还是在课外，认知冲突随时都会发生。科学学习注重跟实际生活相联系，注重在探究中形成科学素养，而认知冲突是激发学生进行主动学习、主动探究的必要手段。深度学习是理解性的学习，要求"以生为本"创设课堂上有效的思考、探究、实践，促进各层次学生进行有效对话，使其在展现主体地位的基础上进行高效、深度学习，思维发展经历浅表性记忆—理解性学习—归纳整合—建构知识。其过程路径如图4-2-2所示。

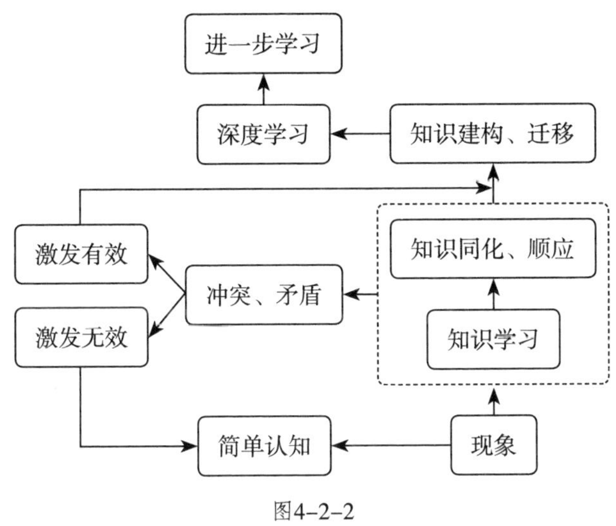

图4-2-2

知识学习不仅仅是数量的堆积，更重要的是知识深度的追求，若是教学手段、方法不能很好地激发学生的认知冲突，那么学生必然不会去追求知识的本质，更谈不上知识的迁移和思维的深度。所以，在课堂教学中如果能够通过某些教学手段激发学生的认知冲突，让学生主动去研究、分析产生的知识片段，顺利地获取和吸收新知识，最终形成知识网络结构，实现知识迁移，那么在此过程中，深度学习便悄然发生。

二、认知冲突策略研究/应用现状

目前我国学者对认知冲突策略的研究主要集中于如何将其运用于教学中，帮助课堂教学实现最优化。主要表现在以下几个方面：

1. 研究认知冲突策略在教学中的作用

从已有研究来看，认知冲突策略在教学中的作用主要有两方面：一方面，可以制造悬念、引发学生思考、激发其内在动机、发展其思维能力、强化其注意力、凝聚其思维，同时制作起伏的学习过程、活跃思维和学习氛围等；另一方面，有助于提高教师的反思能力和专业发展水平。

例如，刘孝华在《引发学生认知冲突的教学策略》一文中提出，通过探究性实验、科学史的介绍、新旧知识点的矛盾、合作学习中学生的探讨与对话等方式引发学生的认知冲突，激发学生学习动机、培养学生学习兴趣、培养学生的问题意识。盛红亚的《巧设认知冲突　引导自主探究》，以及刘兴琼的《巧设冲突，引导学生自主质疑》等提出让学生亲身体验矛盾，提出问题并自主解决，以培养学生问题意识。武永江的《探究师生认知冲突，实现良性师生互动》中认为善于运用认知冲突的教师，可以增强师生互动和教学的有效性，倡导教师应该对学生的认知冲突保持积极态度，并学会以适宜的策略引导学生的认知冲突，同时提出了教师引发学生认知冲突的多种途径供教师借鉴。

2. 研究认知冲突策略在中小学各科教学中的运用

目前认知冲突策略在中小学各学科中运用广泛，齐萍的《利用学生“认知冲突”激活数学课堂教学》、高莉的《浅谈小学数学课堂教学中认知冲突设置的几种做法》等提出数学课堂中设置认知冲突促进数学教学，沈玉芬的《利用认知冲突，进行有效阅读》、刘思雯的《观察作文再形成过程中的认知冲突及其作用》提出在语文教学中使用认知冲突策略，陈志刚、姜芳芳的《处理历史学习中认知冲突的原则》强调在历史学习中使用认知冲突策略，乔志强的《创造高效课堂的基础：找准学生认知的矛盾点——来自一堂初中生物课的启示》强调在生物教学中使用认知冲突策略，王家山在《认知冲突策略在物理教学中培养科学思维能力的探讨》强调在物理教学中使用认知冲突策略等。

但在深度学习视域下认知冲突策略的研究文章较少。

三、核心词汇界定

1. 认知

认知指通过心理活动（如形成概念、知觉、判断或想象）获取知识。感觉、知觉、记忆、想象、思维等认知活动按照一定的关系组成一定的功能系统，从而实现对个体认识活动的调节作用。

2. 认知冲突

在个体与环境的作用过程中，个人原有认知结构与新知识之间会产生无法包容的矛盾，认知冲突便产生了，具体指学生在实际的课堂学习过程中，原本脑海中的记忆、知识、思维等活动与课堂上的新知识产生了无法兼容的矛盾和冲突，最终引起学生认知上的同化和顺应，个体认知的功能系统不断发展，并趋于完善。

3. 深度学习下认知冲突的类型

小学科学课中的认知冲突主要是指学生已有的前概念与当前观察到的事物产生矛盾或冲突，打乱学生原有的知识框架，使得学生不得不颠覆认知，而教师在教学过程中，要注重分析学生原有的认知，找到正确、科学的切入点来帮助学生顺利理解、接纳新知识。深度学习下的认知冲突大概分为以下类别：

（1）科学观念形成过程中产生的认知冲突

科学观念是在理解科学概念、规律、原理的基础上形成的对客观事物的总体认识。[①]而学生在未曾形成科学观念之前，已经通过对日常生活经验、现

① 中华人民共和国教育部. 义务教育科学课程标准（2022年版）［M］. 北京：北京师范大学出版社，2022.

象的推测，自发进行解读和阐释，或是机械记忆未能充分理解，由此形成一些观点和看法，这些已有的知识观念是没有经过科学验证的，有可能是片面的、模糊的，与科学观念不一致甚至是有悖于科学观念的（也就是前面提到的“简单认知”）。比如：学生认为正在沸腾的水中冒出的气体是“水蒸气”；学生认为灯泡会发光是“玻璃在发光”，或是“电流流过玻璃”等，这些都是通过猜测形成的认知。这些观念具有很强的隐蔽性、顽固性。这就要求教师在备课时，深度研读教材，挖掘教学中容易引发学生认知冲突的要素，利用教学手段将学生的已有观念暴露于真实的课堂。学生的认知冲突越是强烈，越能从根源上打破原有的认知，形成理解性的科学观念。

（2）科学思维形成过程中产生的认知冲突

科学思维是从科学的视角对客观事物的本质属性、内在规律及相互关系认识的方式，主要包括模型建构、推理论证、创新思维等。当代心理学研究认为：在小学阶段由以具体形象思维为主要思维形式发展到以抽象思维为主要思维形式。但思维发展过程中的每一个质变都不是突然爆发的，而是通过新质要素逐渐积累、旧质要素逐渐衰亡和改造实现的。[①]在教学中要让学生形成科学思维，必定要经历从低阶思维向高阶思维迈进的过程，这种过程不是自发的，而是要赋予教学影响，当学生的低阶思维不能够满足于新的学习任务时，也就是简单的思维方式无法对复杂的任务进行综合的判断、分析、归纳和演绎时，认知冲突就会发生。越是复杂的问题，越容易出现思维混乱。问题越新，也越容易引发思维偏差。比如，学生在做关于力的运动实验时，就很容易推理得出“物体能够运动是因为有力”这样的结论；又如，学生在描述实验现象时对“浑浊”与“沉淀”、“溶解”与“熔化”等概念极易混淆。对于课堂常见的这些认知冲突，教师在进行教学时要根据学生的思维特征，提前制定有效的措施，如以建模、推理等方式引导学生一步步分解复杂的问题，让学生独立思考、高效合作，形成科学思维。

① 陈琦，刘儒德. 当代教育心理学［M］. 北京：北京师范大学出版社，2019.

（3）科学探究实践过程中产生的认知冲突

探究实践主要指在了解和探索自然、获得科学知识、解决科学问题，以及技术与工程实践过程中，形成的科学探究能力、技术与工程实践能力和自主学习能力。[①]探究实践是针对某种自然现象产生疑问，从而深入地对该问题进行探究和实践，在此过程中，学生会出现各种各样的无法运用原有的知识和方法去解决的问题、困难，甚至在同伴之间、师生之间会出现不同的结论、认识、观点、体验，从而让学习者产生不同程度的困惑。在此过程中，学生心理经历了从平衡到失衡，再平衡再失衡的反复状态，这时新的学习需要就会产生。当学生有这种心理需求的时候，教师应该趁热打铁，抓住学生心理变化的规律制造认知矛盾。互动交流的机会越多，创造认知冲突的环节也越多，学生便更加积极主动地去通过各种方法、途径来满足自己的需要，实现内心的平衡。比如，学生对“养蚕”十分感兴趣，在养蚕的过程中教师可以设置一个又一个的探究问题来让学生一步步进行学习实践，从中激发学生主动学习的意愿，获得新知识。

（4）科学态度责任形成过程中产生的认知冲突

态度责任是在认识科学本质及规律，理解科学、技术、社会、环境之间关系的基础上，逐渐形成的科学态度与社会责任。[②]大胆质疑、追求创新、价值判断、善于合作等都是科学教学中要渗透的科学态度，学生在日常的生活学习活动中，也会对事物、事情、规则等形成一定的看法，这些看法会让学生在科学实践活动过程中，做出符合自己认知的价值判断，当学生做出的价值判断较为片面、狭隘、自我等不能引起共鸣时，其原有的认知态度便与科学态度产生了冲突，此时教师可以利用技术手段，如播放视频、观看动画、小组讨论、举行辩论等方法来让学生讨论、质疑、修正原有的认知态度，以便让学生在活动探究中形成合作、质疑、创新等良好的科学态度。

在常规的教学课堂中，教师要注意引导学生关注自然、人文、社会等责任问题。当学生在阐述爱护自然环境、珍爱生命、遵守社会秩序等科学责任的时

---

① 中华人民共和国教育部. 义务教育科学课程标准（2022年版）［M］. 北京：北京师范大学出版社，2022.

② 同①。

候，我们常常可以用设置问题情境、举反例等方式引发学生认知冲突，帮助学生树立正确的价值观、世界观和人生观。

四、深度学习视域下认知冲突策略的原则

1. 适时

在课堂上，教师“挑”起学生认知冲突的机会有很多，但要选择最恰当的时机。由于教学是生成性的，认知冲突实际就是生成性教学的结果。学生在学习过程中，随着自我的认知建构，必然会产生生成性的问题，这种生成的问题并不是教学中的“意外”，而是认知冲突的表现。认知冲突是联结学生固有经验与新知识的通道，是认知结构更新的一个必要前提，伴随认知冲突的产生，学生的思维开始兴奋，学习的积极性增强，思维活动也处在最佳状态，这种状态既是教师和学生心理交流的接触点、共振点，也是教与学的共同机遇，是一个有效的教学契机，可在教学导入、活动探究、数据分析时，可在学生小组合作的过程中，可在师生互动交流时。无论在任何时候，教师的“挑”都要有利于调动学生的学习兴趣、探究热情。

2. 适度

“挑”起学生的认知冲突需要适度，在学生认知冲突的激发上不能出现超度现象，超出学生的理解力，让学生感到迷茫。在教学中，教师要将认知冲突看作教学过程中生成的一种有益的教学资源，在教学设计时考虑怎样更好地从学生真实的问题和经验出发，充分尊重学生在教学中的主体地位，把握学生已有认知与新认知的矛盾，开展生成性教学。

3. 适量

“挑”起学生的认知冲突须适量，依据教学中的四维目标，科学学习的认知冲突分成四类：科学观念形成过程中产生的认知冲突、科学思维形成过程中产生的认知冲突、科学探究实践过程中产生的认知冲突、科学态度责任形成过程中产生的认知冲突。对于不同层面上的认知冲突，教师应明确学生的问题，层层解剖。在激发学生认知冲突时，教师要有所筛选，必须以学生的主体参与为前提条件，尊重学生的观点，帮助学生在原有认知的基础上，积极主动地发现、探究。

五、认知冲突策略具体方法

建构主义学习理论认为，学生的学习不应该是教师向学生传递知识，而是学生自己主动建构知识。如果教学过程中教师过多地铺设台阶，使道路过于平缓，学生就不会对所学知识有深刻的体验，也很难产生成就感，所学知识也容易遗忘，更难形成能力。[①]反之也就意味着教师要不断创设“认知冲突”，让学生主动学习，唤起学生的思维活力，激发学生的情绪注意，使他们全身心地参与知识学习，成为“学习的主人翁”。

（一）创设情境暴露前概念

1. 利用科学发展史创设认知矛盾情境

借助事物发展的历史过程、工具的创造发明史等真实资料，在课堂上复盘知识的产生过程，在真实的、可追溯的情境中设置问题引发认知冲突，激发学生的学习兴趣，唤起学生对知识本质的探究欲望，让学生带着科学家进行发明、研究的角色和情感体验，积极主动地投入接下来的学习中。

【案例】教科版六年级上册《不简单的杠杆》

教师可以介绍古希腊一位著名的科学家阿基米德，在与古罗马的战争中，利用杠杆原理发明了一种叫“发石机”的弩弓，只需要扳动弩上的摇柄就能将巨大的石头抛出1000多米，最终人们依靠这种武器，保卫了自己的国家。请同学们思考：为什么凭借普普通通、小小的杠杆就能将巨大的石块扔出去那么远呢？[②]

2. 利用生活常识与实验现象激发矛盾

学生对生活中很多事情都想当然，自以为是常识、是事实，尤其在低年级学生头脑中会有某种根深蒂固的结论，这些结论在经过学习、探究后会被发现经不起推敲，让学生对生活现象有了新的解释和认知，这种矛盾的激发和解决，自然而然否定学生原先的结论，这样引起的认知冲突就会很激烈，新知识

① 卢米东. 化学教学中的认知冲突［J］. 青少年日记（教育教学研究），2012（4）：40−41.

② 李世良. 以科学史推动小学科学课堂教学［J］. 陕西教育（教学版），2018（12）：49.

也会学得更通透和牢固。

【案例】教科版三年级上册《水到哪里去了》

教师出示热水壶或保温杯开盖后出现的“白汽”，提问学生：“这是水蒸气吗？”

尽管学生通过课堂知识学习知道水蒸气是看不见的，但是他们对日常生活经验、某些现象的推测，自我形成了一些观点和看法，还是忍不住把“白汽”误认为是水蒸气。此时教师可以开展以下实验探究活动。

实验操作	描述观察到的现象	分析
步骤一：蘸取一点点水到手心，等待一段时间		
步骤二：用强光手电筒照射保温杯开盖后的“白汽”		

在经过实验步骤一后，教师可以让学生说说：水到哪里去了，看到水蒸发变成水蒸气的过程了吗？思考：看到的“白汽”是水蒸气吗？

开展实验步骤二后，教师组织学生描述观察到的现象，再说说对“白汽”的认识，通过强光手电筒的辅助，在观察体验的过程中，认识到“白汽”是一个个的小水珠，逐渐打破原来的观念，形成新的认知。

（二）借助结构性材料制造认知冲突

结构性材料是科学学习必不可少的手段，是经过教师们精心设计与典型教学材料的组合，是有着丰富内在联系的材料，是蕴含着某些关系和规律的典型教学材料的组合。实验材料的选择和使用，要符合学生年龄特征和认知规律，这样既能揭示与教学内容有关的一系列现象，又能在其中稍做改造制造矛盾，能让课堂教学更加丰富、有趣。

1. 利用材料对照反差激发矛盾

在课堂上，面对学生不常见的现象，教师可以选取合适的材料，采用直奔主题、开门见山的方式来制造矛盾。举反例是常见的一种教学手段，是教学中不可或缺的，反例可以帮助学生舍弃事物非本质的属性，凸显正确的概念，更好地论证主题的正确性与有效性。学生透过现象看到本质，不仅能知其然，还能知其所以然。这会激活学生的思维，使学生豁然开朗，形成鲜明的科学概念。

【案例】教科版三年级上册《空气占据空间吗》

将两个气球分别套进两个塑料瓶中，其中一个塑料瓶底部戳一个孔，另一个不做任何改变。

教师不告诉学生这两个塑料瓶的不同之处，邀请两位学生同时吹这两个气球，会出现底部戳孔的塑料瓶中的气球能够被吹大，而不戳孔的塑料瓶中的气球吹不大的情况，学生无不想解开其中的秘密，表达他们对于出现这种现象的看法。

此时教师再进一步开展本课的学习内容，探究空气是否占据空间，学生在强烈好奇心的驱使之下，在实验观察时便能细致入微，发现其中的原理。

2. 利用材料制造真实现象激发矛盾

学生的思维是从直观思维向抽象思维发展的，真实的现象能够给予学生强烈的冲击感，瞬间激发学生强烈的认知冲突，因此教师可以利用材料直接给出真实的现象，由此激发矛盾。

【案例】教科版五年级上册《摆的快慢》

教师出示两个不同的摆，一个长摆绳挂着铁球，一个短摆绳挂着塑料球。

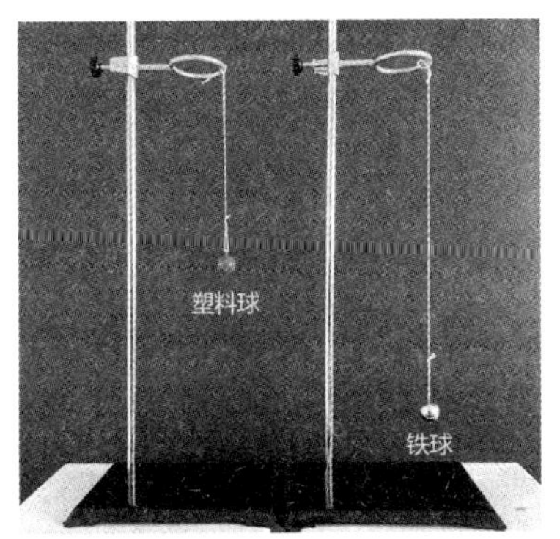

提问学生“你觉得哪个摆摆动得更快？为什么？”学生会先入为主说出自己的想法。

这时教师再将两个摆放至同等高度，同时松手，学生观察两个摆摆动的快慢，此时会发现观察到的现象与自己原有的认知并不相同，由此形成悬念，引发学生的认知冲突，调动学生的内驱力，促使学生去寻根问底做进一步的探究。①

（三）运用模型设置认知冲突

1. 实物模型建造中激发认知冲突

在建造模型的科学实践过程中，教师可以给予学生试错、暴露前概念的机会，学生不断动手，思维也在不断发展，从中会出现与自己原有认知相冲突的地方，此时教师抓住时机有效地激发认知冲突，帮助学生建构知识。

【案例】教科版三年级下册《我们的“过山车”》

教师发布任务，按照要求设计、制作一座“过山车”。教师先出示设计要求，学生根据要求对做法进行讨论交流，暴露前概念，小组讨论后绘制设计图，教师再引导学生关注设计是否能达到目标要求，紧接着让学生开始搭建和简单地测试，给学生试错的机会，在建造的过程中激发学生的认知冲突，再引导学生掌握规范、有效的做法，完善学生的认知结构。

2. 实验模型解释规律中激发认知冲突

在学生通过模拟实验来对某种现象、某种规律作出解释时，教师要让学生的前概念暴露出来。相互探讨、解决问题的过程便是学生认知冲突产生的过程。

【案例】教科版三年级下册《月相变化的规律》

因为我们无法近距离观察月球实物，且因为设计天气、安全等原因，无法让学生一个月连续不断地观察和记录月相，因此通过模拟实验来解释研究对象的本质和特点。

教师先给学生展示打乱之后的一个月的月相图片，启发学生思考哪些月相

① 刘孝华. 引发学生认知冲突的教学策略［J］. 江西教育科研，2007（2）：117–119.

先出现、哪些月相在中间、哪些月相在最后，在交流的过程中暴露学生的前概念，然后由学生小组合作、讨论，根据一个月的月相变化来对这些照片进行排序，排序完成后，让学生跨组观摩学习，交流排序有什么相同和不同，从而激发学生的认知冲突，最后再由教师进行总结，帮助学生建构月相变化规律的科学概念。

3. 概念模型建构推理中激发认知冲突

利用模型来建构概念是科学课一种重要的学习方式，在建构的过程中，会出现各种各样的问题，学生会相互探讨，各种各样的声音都会有，此时正是教师引导学生建构、完善认知的关键时候。

【案例】教科版五年级下册《食物链与食物网》

学生在课外通过各种渠道，对食物链有一定的认识和了解，但并没有完全理解食物链、食物网的含义。

教师可以先演示螳螂捕蝉的故事，提问："这些生物之间有什么联系？"了解学生的前概念，引导学生尝试制作纸环串来模拟故事中生物之间的食物关系，此时学生制作的食物链模型的开端不一定是绿色植物，教师此时可以呈现自己的模型，与学生的模型形成认知冲突，让学生在讨论交流中完善食物链的特征。

然后，呈现草原上生物的图片，引导学生以小组为单位，寻找草原上存在的食物关系，串成多条食物链，再全班一同分享讨论，此时学生寻找的食物链会出现"食物链的顶端不是凶猛的肉食动物"这样的问题，教师可以勾选出最完善的食物链，引发学生的认知冲突，进而找出食物链的共同点，使学生完善对食物链特征的认识，加深对概念的理解。

紧接着教师可以选取其中一条食物链，提问：其中某种生物消失了会怎样？学生根据经验和已有认知进行判断，此时会有学生认为整条食物链的生物都将会受到影响而消失，也会有不同的声音出现，有学生认为其他生物将会寻找其他的生物作为食物。激发学生的认知冲突，在全班进行了充分的讨论与交流后，教师提出"食物网"的概念，引导学生搭建食物网，再进一步分析某种生物消失产生的后果，此时学生经过讨论与交流会发现在食物网中，某种生物消失并不会彻底破坏生态平衡，从而完善原有的认知结构，加深对概念的理解。

（四）应用数据结论凸显认知冲突

1. 利用矛盾的数据激发认知冲突

在科学探究的过程中，有时所得出的实验结果与预期的不一样，或者与课本知识不一致，这时要对实验的设置和实验过程进行检查，此时可以让学生在确保无误的情况下，多做几次实验，让学生学会对实验材料、过程、环节等进行检查和反思，若实验结果仍然与预期的结果或者与课本知识不一致，此时要坚持实事求是的态度，对相关知识提出质疑（实验数据是实际测量出来的，不能修改）。如此便于引导学生从数据的角度出发重新审视整个探究实践活动，从点到面逐渐学会用联系的方式看问题，系统地对问题进行剖析。

【案例】教科版五年级上册《摆的快慢》

教师引导学生通过对比实验研究摆的快慢与摆锤质量的关系后，用表格呈现全班同学的研究成果，不同质量的摆锤30秒摆动次数记录表如下。

组别	1	2	3	4	5	6	7	8	9
塑料小球	13	13	11	13	11	13	10	12	12
铁球	13	13	13	13	11	13	12	11	12

可以发现，第3、7、8组的数据即为本课的异常数据，这与课本的知识并不相同，由此激发学生的认知冲突。教师可以引导学生思考、讨论，分析数据异常的原因，对问题进行深刻的探讨，从而提高学生实验探究的能力。

2. 利用探究所得结论与生活现象的矛盾制造认知冲突

科学观察的本质是“真”和“实”，对观察的结果进行客观、真实的记录后总结得出结论是科学探究很重要的内容。学生在对观察记录现象进行汇总和检验的过程中会进行大讨论，学生越是讨论深刻，矛盾越是激烈，此环节正是教师引导学生理解科学观察的本质、领会科学观察意义的关键环节。

【案例】教科版五年级下册《哪个传热快》

通过实验，学生已经知道了铜的导热性能最好，铝次之，钢最差。这个时候，会有学生提出或者由教师来提出：既然铜的导热性能最好，可是生活中为什么用得最多的是铁锅而不是铜锅呢？

对此，学生开展讨论，产生不同的看法，有同学认为是因为铜比较贵，而铁比较便宜，因此使用比较多的是铁锅，有同学认为是因为铜锅中的“铜”被人体吸收后，对人体健康是有害的，有同学认为是因为铁锅中的“铁”有益人体健康，也有同学认为其实生活中单纯的铁锅越来越少，越来越多的“铁”锅其实加入了其他金属，是一种合金锅，如不锈钢锅……

在讨论的过程中，学生的思维展开、碰撞，形成认知冲突，这时教师可以进一步引导学生收集资料，验证想法，完善自己的知识框架。

（五）巧借技术手段创设认知冲突

1. 利用信息技术手段打破认知局限

信息技术时代，教师可以根据实际的教学需求和教学内容，充分利用多媒体技术来创设认知冲突。在丰富多彩的教学情境下，直观生动地利用微课展示、动画演示、声音播放、图形串接等来刺激学生的感官，让学生有话可说、有疑可发，给予学生更大的认知空间，发挥学生的主观能动性，这样不仅活跃了课堂的教学氛围，还能真实呈现学生的想法，展现学生思考问题的能力。

【案例】教科版四年级下册《凤仙花开花了》

在认识花的结构时，学生通过解剖实物观察水仙花，知道了花是由雄蕊、雌蕊、花瓣和萼片四部分组成，这时教师可以利用多媒体技术出示牵牛花、南瓜花和柳絮的图片，提问学生“这些是花吗？”

牵牛花

南瓜花（没有雄蕊）

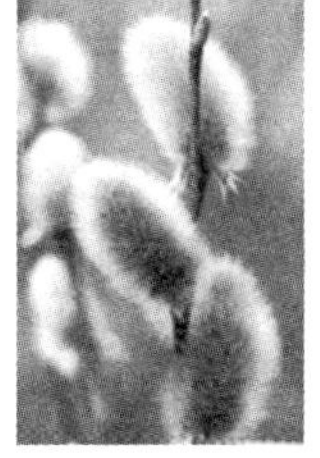
柳絮（柳树的种子）

学生仔细观察并表达想法。学生发现这些与他们已有认知中的花不一样，会认为它们是残缺的，甚至不是花。产生了认知冲突，便有了探究欲望，这时教师可以再借助科学视频来讲解知识，学生的注意力也会高度集中。

2. 利用信息技术手段适当拓展迁移

一节科学课下来，很多学生对知识或者实验现象还意犹未尽，还想进一步研究拓展，这时教师可以根据前后两节相关联的课进行设计，巧妙地在“拓展延伸”部分隐藏矛盾，这样不仅能够让学生对下节课的内容产生关注，还能够在吸收本节课知识的同时让新旧知识发生联系，帮助学生从整体上建构知识体系。

【案例】教科版五年级下册《种子发芽实验》

通过数据分析总结之后学生已经知道了绿豆种子发芽需要的条件。从绿豆发芽到绿豆苗的生长，两课是相互关联的：发芽不需要光照，但生长需要光照。学生需要关注“光照”这个条件的特殊性。教师可以呈现绿豆苗在无阳光下的生长状态图片，提问“这怎么跟我们平时看到的绿豆苗不太一样？绿豆苗的生长需要阳光吗？”激发学生的认知冲突，引导学生更加关注“光照”这个因素所带来的影响，对学习内容产生浓厚的兴趣和探究的欲望，主动探究，促进学生将新旧知识联系起来。

教师在引发认知冲突时，只是起引导的作用，应保持中立的态度，不随意发表自己的看法，把主动权交给学生，让学生自己去探索、去讨论，引导他们积极主动地探究，解决认知冲突，建构科学概念。苏霍姆林斯基认为：学习如果具有思想、感情、创造、美和游戏的鲜艳色彩，那它就能成为孩子们深感兴趣和富有吸引力的事情。教师利用认知冲突的手段就是要让学生对知识本身产生兴趣，抓住学生的好奇心和求知欲来使学生进行深入的探究和思考，进而发展学生的高阶思维，最重要的是培养学生独立思考、深度探究的能力，为培养学生逻辑思维能力、解决问题的能力提供了必要的“脚手架”。

深度学习的知识稀释还原策略

聚焦学科核心素养是新课标的一大特点。科学核心素养是学生在科学学习过程中逐渐形成的正确的科学观念、科学思维、探究实践和态度责任四个方面，集中体现在在真实情境中解决问题的能力。2022年4月，教育部修订了一系列义务教育课程标准，科学课标不仅加强了学段衔接，做了一体化的设计，更是将原来的18个核心概念更新为13+4的科学大观念，明确了每阶段学生“学到什么程度”。新课标的修订增强了科学教学的指导性，给科学课堂更大的容积，给科学教学释放了空间，教师在教学过程中可以采取多种策略更好地引导学生走向科学的深度学习。同时，新课标的探究实践活动还去掉了教学条件要求高、不易实现的活动内容，给科学课堂的实际教学和科学大观念的形成搭建了更加紧密的联结。

一、深度学习视域下知识稀释还原策略的研究意义

针对浅层学习存在的重知识传授、轻知识获得过程的传统教学模式，深度学习知识稀释还原教学策略提出教学中应引导学生深度感悟、深度互动、深度体验、深度评价，以有效促进学生深度学习的观点，从而有效发展学生的学科核心素养。①使用知识稀释还原策略的目的就是要在课堂40分钟里帮助学生深入学习、深入思考，使学生得到科学思维的提升，培养学生的科学素养。

二、知识稀释还原策略研究应用现状

知识稀释还原策略的理论基础是建构主义。建构主义认为知识是学生与环境互动的结果，是学生主动修改、创造新图式的过程。在课堂教学中，概念的形成过程——结论的推导过程、方法的寻找过程，称为知识的发生过程。②知识发生过程教学是指教师引导学生去揭示或感受知识发生的前提或原因、知识概括或扩充的经过以及向前拓展的方向，简单地讲，就是再现知识的来龙去脉，揭示知识的本质与联系。③

① 刘芳霞，熊志权，杨春苓. 基于知识发生过程的初中物理深度学习：以“质量”教学为例［J］. 中学物理教学参考，2020（16）：17–19.

② 郭思乐. 知识发生过程：课堂教学最重要的阶段［J］. 湖北教育（教育教学），2019（12）：20–22.

③ 刘芳霞，熊志权. 基于知识发生过程的初中物理概念教学：以“密度”一节为例［J］. 课程教学研究，2016（7）：71–74.

知识稀释还原策略的研究目前仅有熊志权等人的几篇论文提及，研究领域属于初中科学物理领域，主要研究方向则是将物理概念的形成过程重新稀释还原，在重演知识的发生的过程中进行教学，激发学生对该物理概念进行深度思考，从而达到科学观念的内化吸收以及科学思维的养成等。郭华教授提出的"两次倒转"教学机制中倡导教师将人类知识的终点（成熟的科学观念）倒回来到原点，再转过去引领学生重新经历人类认知过程中比较经典的部分。这观念和知识稀释还原策略有异曲同工之妙。

三、核心词汇界定

知识：广泛的知识是指人类在实践中认识客观世界（包括人类自身）的成果，它包括事实、信息的描述或在教育和实践中获得的技能。本章知识为科学观念，即在理解科学概念、规律、原理的基础上形成的对客观事物的总体认识。①

知识的稀释还原策略：知识稀释还原策略就是稀释科学观念，稀释冗长的科学发展史，紧抓关键节点，尊重学生学习的逻辑，引导学生亲历科学观念的简单发展，使学生更容易在深度探究中逐渐形成正确科学观念的策略。

四、深度学习视域下教学评价策略的原则

1. 科学性原则

中小学的学生正处于身心发展的关键时期，任何不可靠的知识传递给学生，都将对学生的终身学习产生不良影响。教师要使用合理的方法分析教材，选择合适的内容和教学方法，力求传递给学生的观念、思维方法、态度价值观都是科学的、准确无误的。因此教师在使用知识稀释还原策略的过程中需要遵循科学性原则，避免在稀释科学观念的过程中让有争议的观念造成学生的思想混乱，妨碍学生树立正确科学的观念。

---

① 中华人民共和国教育部. 义务教育科学课程标准（2022年版）［M］. 北京：北京师范大学出版社，2022.

2. 生本性原则

皮亚杰将儿童和青少年的认知发展划为四个阶段，不同的儿童都会以不同速度依次经历这四个阶段，逐渐完成思维的转变。深度学习指向的是学生理解内化后的有意义学习，强调学习者在学习后的思维提升。在使用知识稀释还原策略的过程中切忌表面化使用。教学设计空洞不深入，不仅不能引发学生深层次的思维，反而舍弃了深度学习的内核，因此教师在使用知识稀释还原策略的过程中需要遵循生本性原则，以学生为本，从学生的知识能力水平出发，进行知识稀释还原，不凌空，不假把式。

3. 目标性原则

科学课程把探究实践作为学生学习科学的重要方式，强调教师从学生熟悉的日常生活出发，结合科学探究的具体要求，制定适合学生的合理化的教学环节，帮助学生进行科学观念的学习和技能的获取，探究实践活动的实际意图，即学生的学习目标是教学设计的基础之一，因此教师在使用知识稀释还原策略的过程中需要遵循目标性原则，根据实际的学习目标需求，进行知识稀释还原，不硬稀释，不硬还原，在目标性原则的基础上真探究、真实践。

五、知识稀释还原策略的实施

1. 稀释材料，还原科学探究

科学课堂改革较好，大多数的科学课堂都有科学探究的过程，但是一些教师走进了重视科学探究、轻视科学思维的误区。在课堂教学中，教师可以通过分步学习，给学生提供科学材料等方法更好地促进学生对科学观念的探索，促进其科学思维的形成。教师大可在第一轮的探究活动时仅提供核心材料，引导学生在核心材料的帮助下，通过实际探索，自行打开科学观念的大门，将科学探究的过程交还给学生，使学生走向真正意义上的探究。这个过程就是有深度的学习，学生以全部的思想和精神去感受和体验学习活动的丰富复杂、细微精深，真切或模拟地去体验伴随活动而来的痛苦或欣喜的感觉。[①]

① 刘月霞，郭华. 深度学习：走向核心素养［M］. 北京：教育教学出版社，2018.

【案例】教科版三年级下册《影子的秘密》

探究活动	材料	任务
第一轮	手电筒	探究如何造影子
第二轮	手电筒、遮挡物、屏	探究影子的变化
第三轮	手电筒、屏	用影子编故事

在构建光在行进中被阻挡就会形成阻挡物的阴影时，普通做法就是出示屏、电筒、遮挡物三种器材，让学生制作影子。在生活经验的支持下，几乎每个学生都能够将遮挡物放在光线和屏中间。稀释还原策略下，教师向学生提供学生需求的物品，我们不难发现大多数学生开始时只拿到了手电筒。学生在创造影子的过程自然而然就会去寻找遮挡物和屏，学生在寻找的过程就自然而然发现只有光源远远不够，在这样的认知冲突下，教学活动不再冰冰冷冷，认知的过程是学生自己探索的。

2. 稀释任务，还原学习目标

学生的学习是一个循序渐进的过程，学生往往在处理信息复杂的任务时暴露出能力有限的问题。教师可基于科学大观念、大任务和大项目，将复杂的科学任务稀释成多个简单的科学任务，细化每一个小任务需要学生达成的学习目标，使学生在一个有限的时间段内关注一个可“摘取”的任务，如爬梯一般，在构建局部科学观念的过程中逐步完成整体科学观念的构建。

【案例】教科版一年级下册《认识一袋空气》

探究任务	学生达成的目标
收集一袋空气	知道空气存在于我们周围
用五感观察空气	认识到空气是一种无颜色、无气味、无味道、透明的气体
借助工具（羽毛、气球）探究空气	对无法直接观察到的空气，可以借助其他物体，感知空气的存在
对比观察（空气、水和小木块）	与木块、水相比，空气有许多不同的特征，也有一些相同的特征。 （木块有颜色，水和空气没有颜色，透明；木块和水看得见，空气看不见；空气很轻；木块有固定形状不能流动，而水和空气能够流动，没有固定形状）

3. 稀释研讨，还原科学思维

分析新版教科版科学教材，教材给每一节课都提炼了研讨问题。我们不难发现，这些研讨的问题恰好就是学生需要达成的课堂学习目标。学生研讨说出观念的本质是学生从具体的探究活动中提炼出理性认知（科学观念），是促进学生的认知和思维的二次发展。研讨必然围绕着科学思维开展深层次的思考，在教师的引导下，学生经历由现象到结论、由科学观念到迁移应用，一层层刺激形成科学思维的过程。

部分教师对研讨内容的处理是在完成了课堂实验后一起进行研讨，使用这样的方法是否适配每一节科学课有待商榷。笔者认为研讨基于师生交互，因此研讨问题分两类：第一类研讨问题是整个探究活动的深化延伸，适合在完成课堂任务后回顾探究过程，进行统一研讨；第二类研讨问题则更适合稀释分解在科学探究的过程中逐步研讨。通过稀释研讨，将研讨问题拆解，复刻了学科专家的思考过程，给学生搭建了一个脚手架，使学生在科学探究的过程中能够逐步完成思维的沉淀。

【案例】教科版四年级下册《种子的传播》

研讨问题：“植物有哪些传播种子的方式？它们的果实和种子分别有什么特点？”“植物将种子传播出去有什么意义呢？”

“植物的果实和种子分别有什么特点？”这个研讨就不适合放在最后进行。结构决定功能，果实和种子的结构特点就是决定种子传播方式的关键因素，学生先研讨果实和种子的结构特点，有助于学生推理果实和种子的传播方式，因此笔者认为这一问应拆解在探究的过程中进行研讨。

【案例】教科版二年级下册《通过感官来发现》

“只用眼睛看和使用五种感官所获得的信息有什么不同？”“通过上面的活动，我们能分别说说眼、耳、鼻、舌、皮肤的作用吗？”

在上一课时学生已经观察了自己的身体，用眼睛看到了身体外部的器官，用手上的皮肤触摸到了骨骼和肌肉，用耳朵听到了身体里器官发出的声音，对身体器官的作用已经有了初步的感知。生活中，学生也对常用的器官有了一定了解。

二年级学生的学段特征是思维仍处于具象思维，探究一个具体的器官，归纳总结其作用，再接着探究下一个器官，这样一步一步的探究方式更适合二年级学生的科学观念建构。学生是基于对各个器官作用的认知，进行单器官和多器官获取信息量的对比来完成信息量的差异判断，促使“感官在观察中有重要作用”的科学观念建构，因此笔者认为“通过上面的活动，我们能分别说说眼、耳、鼻、舌、皮肤的作用吗？”这个问题需要放在探究的前半段进行分解研讨，课堂最后做归纳总结更佳。

4. 稀释观念，还原科学本质

一课的教学不少教师精简提炼相关的科学观念，通过三言两语传输给学生科学观念，指望学生从此记得这个知识，然而事实大相径庭，就算多次练习多次“纠错”后，学生仍然处于“懵圈儿”状态。毕竟被动学习只有知觉的短暂停留，一段时间后就会遗忘，只有主动学习，知行合一，知识才能留存（学习金字塔如图4–2–3所示）。既没有给学生经历知识的获得过程，也没有实践和运用的机会，学生学习的内容就十分枯燥，毫无科学原有的生命力。教师应将这个概念稀释后再教予学生，帮助学生在具体情境中获取经验。对于学生来说，学习到的科学观念是从真实的情境中生成的，是具体的，是“可触摸”的。

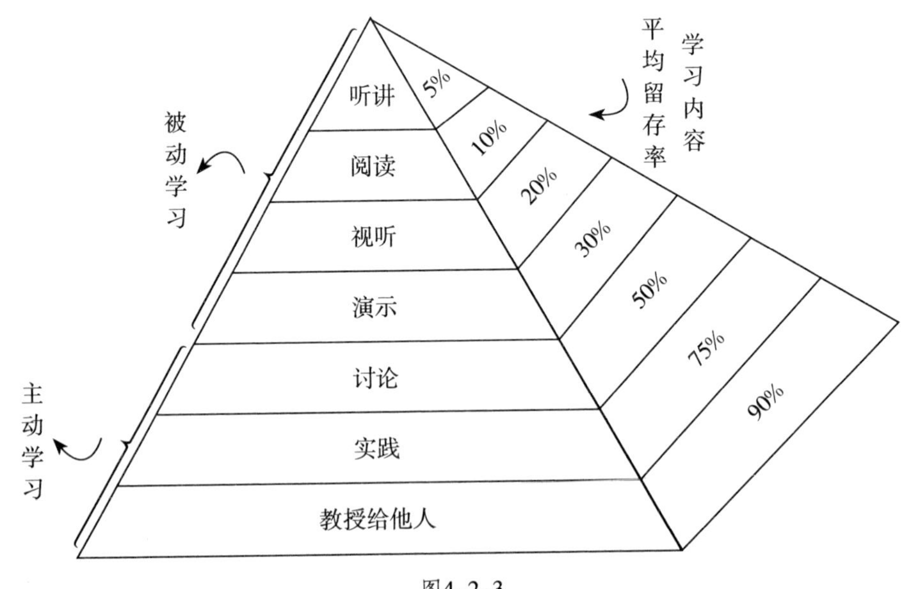

图4–2–3

【案例】教科版六年级上册《轮轴》

学生不理解什么是轮轴，为什么轮轴可以省力。

通过采用一个“比一比谁的力气大”的情境游戏，让学生们推荐出班上公认的一个力气大的同学和一个力气小的同学，两人各握着大螺丝刀的一端，看谁能使对方的一端旋转起来。

【案例】教科版四年级上册《运动与摩擦力》

教师推动一个大箱子，箱子朝前运动了一段距离后就会停下，教师趁机提问：箱子为什么停下来啦？

学生猜测。

师总结：我们把这种阻碍物体运动的力称为“摩擦力”。

一个不起眼的情景，一个简单的小游戏不仅活跃了课堂气氛，更是将“轮轴”“摩擦力”这样抽象名词稀释成容易理解、“可以触摸”的观念，不仅可以促使学生大脑处于兴奋的状态，做好随时进入深度学习的准备，更会使学生迫不及待进行科学探究，验证猜想，让学生主动参与到知识的发生过程中，使主动学习的教育价值充分显现。

5. 稀释教学，还原生活本真

核心素养的出口是生活。任何一个科技的进步都离不开亟须解决的实际问题，课堂教学最终也是服务于解决生活中的实际问题。将教与学的过程进行稀释，不固化教与学，使教与学的过程富有教益，能够在还原生活原本的真实的基础上，提高学生对科学观念的理解，启迪学生发现科学观念和实际生活之间的密不可分的关系。还原的方式可以是聚焦生活中常见的情景，可以是在课堂学习评价中利用生活情境问题作为评价，还可以是布置课后实践作业。

【案例】教科版二年级上册《不同材料的餐具》

创设生活情境，渲染探究氛围

下发任务邀请函，邀请学生帮助各位妈妈进行选购。

邀请函内分别是四个苦恼的妈妈选购餐具的要求。

甲：我想挑选一套不容易从手中滑落的餐具。

乙：我想挑选一套有光泽的餐具，看起来更加新。

丙：清洗餐具时难免会碰撞，所以我想挑选一套敲击碰撞时不会发出刺耳声响的餐具。

丁：我想挑选一套没有任何气味的餐具。

【案例】教科版三年级上册《水到哪里去了》

课堂评价

请小组讨论解释一下：为什么晾在外面的衣服会干？

【案例】教科版四年级上册《营养要均衡》

课后实践作业

学校邀请你们小组作为饭菜评议小组，请你评价一下学校食堂今天的午餐菜谱。

【案例】教科版二年级下册《通过感官来发现》

课后实践作业

请你回家与父母玩一玩蒙眼猜美食的游戏。

游戏要求：

1. 第一道菜蒙住眼睛不能尝，只能通过闻的方式猜一猜。

2. 第二道菜蒙住眼睛，捏着鼻子，尝一尝猜菜式。

3. 第三道菜蒙住眼睛，既可以闻又可以尝。

课后实践作业是学生巩固知识的重要途径，但不能局限于教材中的知识，而应多开发适宜的实践类作业，使科学观念得以延伸应用，提升学生实际解决问题的能力。稀释教与学的过程，在教学中创设简单而有探究性的生活情境，在学生学习过程中布置贴近生活的课后实践作业，创造机会使学生能够将科学观念和真实、具体的生活联系起来，使科学观念不再是冰冰冷冷的知识，而是具有温度的生活。

学生是课堂教学的主体，教师是课堂教学的领路人，学生能不能理解课堂教学行为，在多大程度上理解课堂的教学行为就决定了一堂课深度学习发生的程度。学生在深度学习中理解、把握知识的内在和本质，便能幻化出无数变式应用在实际生活中。

知识的稀释还原策略通过稀释和还原两部分促进小学科学课堂教学中学生的深度互动、深度体验和深度感悟，逐步领着学生像学科专家一样思考与行动，引导学生进入深度学习，加深学生对概念的理解和运用，让教与学变得既有温度又有深度。

深度学习的思维可视化策略

随着课改的不断推进，随着国家对创新人才进一步需要，我们传统的课堂教学理念受到了前所未有的挑战，只有深度学习真正有效发生，才能不断适应时代的发展。而深度学习的核心是培养学生的思维能力，小学阶段的学生缺乏逻辑条理，思维碎片化、难以扩散，运用思维可视化策略提升教学效能可以把学生难以理解的知识形象化，提高学生的理解能力，促进学生科学课堂的深度学习。

一、在深度学习中开展思维可视化教学策略研究的意义

1. 激发学生学习兴趣，提高学生学习效率

现代化信息技术快速发展，教师使用形式多样的图像工具，如图片、视频、动画等吸引学生，使学生能更好地融入学习情境，促进学生的深度学习。科学课堂还通过模拟可视化的生活情境，让学生真实感受科学现象的发生，激发了学生的学习兴趣。比如，在讲火山地震的成因时，教师可以通过用橡皮泥模拟火山喷发和地震，让学生更好地理解地质现象的形成原因。另外，在复习阶段，大部分教师都是采用题海战术，枯燥乏味的复习方法让学生产生厌倦的情绪。如果可以使用思维导图、气泡图、韦恩图等可视化思维方式，图文结合，就能记录学生学习的轨迹，形成一个系统的知识网络，实现课程的深度学习。

2. 培养学生的探究思维和创新意识，促进深度学习

“实践是检验真理的唯一标准”，爱迪生做了一千五百多次实验才找到最适合做灯丝的材料。每一个科学原理的得出都离不开实验探究，学生在学习科学知识的时候要敢于提出不同的见解，敢于自己设计实验方案图纸进行验证，甚至可以利用生活中常用的物品颠覆实验，这样学生的思维才不会被课本思维所限制，才会有所突破。教师只需要从旁指导，共同探究，让学生的实验方法更加缜密，让实验结果更加真实可靠。学生通过语言讨论、设计方案、可视化

思维等自主学习方法，让实验方法更清晰明了，搭建了属于自己的知识网络，提升了科学实验的分析能力。

3. 顺应了儿童认知特点的发展趋势，完善知识构建

皮亚杰的儿童认知发展理论表明，儿童在7岁至12岁时处于具体运算阶段，儿童已经具有初步的逻辑思维和零散可逆运算。但是儿童一般只能对具体的事物或者形象进行运算，这说明我们课程设计时要从学生熟悉的生活情境出发，通过实验探究分析实验结论原理，最后拓展引导学生由生活情境转到科学情境，促进学生知识结构的完善和发展。联系生活情境就是将难以描述的科学原理生活化，让科学思维可视化，只有在知识和生活情景之间建立联系，才能实现科学课堂的本质回归，让学生学有所用。

二、思维可视化教学策略应用现状

1. 课堂形式化，重探究轻思维

在新课改的教学过程中，科学课堂已经从以教师为主导的课堂模式转变为以学生为主导的课堂模式，但是现在的一部分科学课堂仍是流于探究的形式，没有真正培养学生的创新和批判思维。教师在课堂上直接把实验材料和实验步骤告诉学生，学生按部就班完成实验，这样的科学实验没有任何意义可言，学生在家里也可以完成实验，这样停留在表面的实验探究就是浅层学习。我们要做的是使学生能够根据自身的经验与新知识相联系，小组讨论设计实验，最后在教师的引导下有所收获，构建新的知识网络的思维能力，这个就是深度学习的内涵所在。

2. 忽略学生内心变化，缺乏真实的生活体验

教师在备课的时候往往会以自己的视角来考虑教学情况，再加上科学教师任教的班级比较多，很难根据每个班级的真实情况而调整教学内容。还有教师为了赶课时，忽略了学生的心理变化，给学生体验的时间比较短，学生还没来得及感受体会就结束了。在科学课程教学中也经常出现脱离实际、与生活脱节的情况存在，如教科版五年级上册的《地震的成因及作用》和《火山喷发的成因及作用》，五年级的学生只学习了岩石的种类，对于地震和火山喷发的成因感兴趣，但是这些现象在大部分人的实际生活中都没有出现过，如果教师生搬硬套，让学生死记硬背这些知识，学生只会感觉到枯燥。

三、核心词汇界定

思维可视化：思维可视化是指把抽象复杂的事物通过图示、视频、思维导图等形式进行加工，使得思维轨迹清晰可见，方便学生思考、理解。

思维可视化的小学科学深度学习效能提升策略：教师通过利用图示、视频、思维导图、气泡图等辅助手段，将新授的知识与原有知识联系起来，提高信息传递效能的教学策略，培养了学生解决问题的思维模式，让深度学习真正有效地发生。

四、深度学习视域下思维可视化策略的原则

思维可视化策略是深度学习过程中的策略之一，故实施思维可视化策略时既要遵循深度学习的原则，又要符合学生可视化思维的认知心理原则。笔者将从学习目标、活动设计和学习评价三个方面来具体阐释深度学习视域下的思维可视化原则。

1. 学习目标一致性和发展性原则

课程标准是指引教师开展课堂教学的标准，故深度学习必须与课标和教材相一致。课程的学习都是建立在学生一定认知基础上的，观察、联想等可视化策略要与学生的真实世界相关联，符合学生的认知心理发展。另外，学生能够根据一定的可视化问题情景将所学的知识进行迁移应用，促进思维发展。

2. 活动设计挑战性和实践性原则

科学深度学习过程中离不开活动方案的设计，创设可视化的图示、动图等挑战性问题可以让学生深度参与并获得成就感和深刻的体验感。学生通过亲身体验解决问题的情境，将知识内容进行深度加工，不仅学习了知识内容，还掌握了探究活动的方法，把握了科学学习的本质和思想。

3. 学习评价系统性和过程性原则

引发学生深度学习的内容是整体性的、系统性的[①]，教师利用思维导图的

① 郭华.如何理解“深度学习”［J］.四川师范大学学报（社会科学版），2020，47（1）：89–95.

可视化方式指引学生进行单元的整理，将孤立的知识点联系起来，让学生体会到深度学习的内涵。教师将评价和反馈贯穿于整个学习过程中，有利于学生明确学习目标和方向，促进学生知识的理解。

五、思维可视化工具介绍

1. 八大思维图示法

（1）圆圈图：用于联想一个事物的细节和特征。圆圈图有助于发散思维，不受到大脑有限、有序、紧张的干扰，给大脑一个放松自由的状态，促进深度学习、创新思维的发生。例如，“我找到含有磁铁的物体”圆圈图（图4–2–4）。

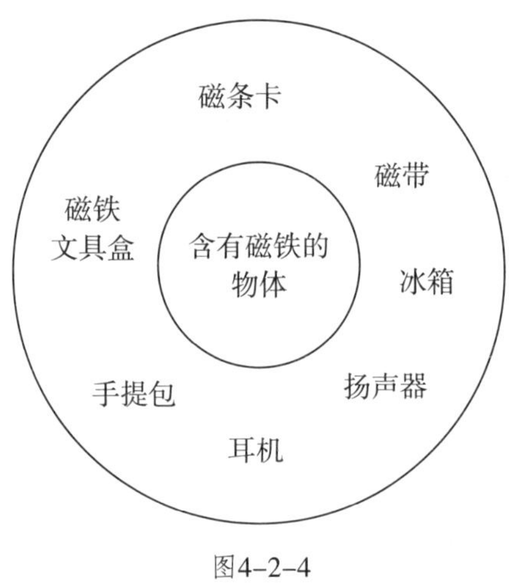

图4–2–4

（2）气泡图：用于描述事物的性质和特点，要求思维比较有序，有限制。例如，“我们知道的生态系统”气泡图（图4–2–5）。

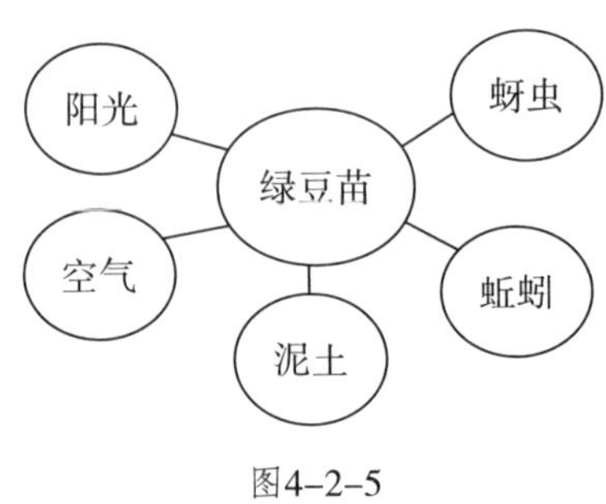

图4–2–5

（3）双气泡图：用于描述两个事物之间的对比，找出它们的相同点和不同点。例如，“太阳和月球的相同与不同”气泡图（图4–2–6）。

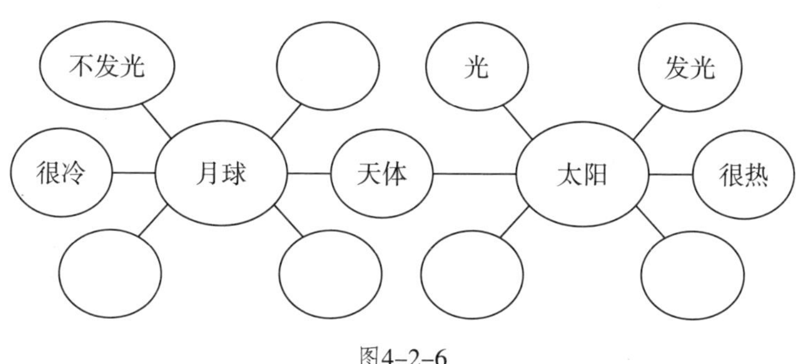

图4–2–6

（4）树形图：将种类繁多的事物进行分类归纳，将复杂的事物简单化、有序化。例如，岩石观察表树状图（图4–2–7）。

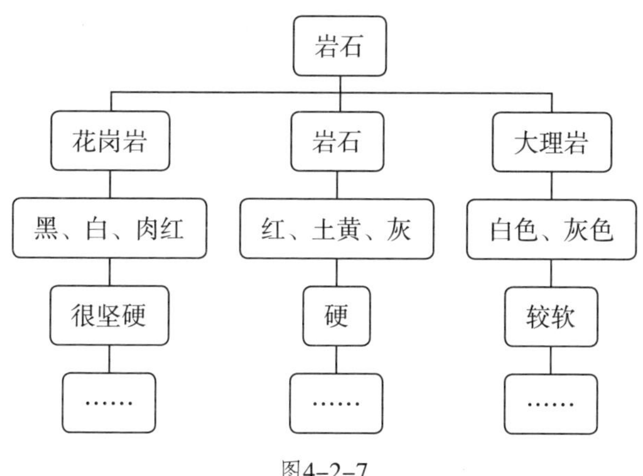

图4–2–7

（5）括号图：用于整体与局部之间的联系。它和树形图的区别是括号图讲的是必要的组成关系，而树形图讲的是非必要的组成关系。例如，“岩石的组成”括号图（图4–2–8）。

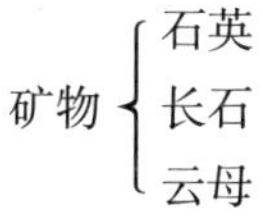

矿物 { 石英、长石、云母

图4–2–8

（6）流程图：主要用于记录事物的发展变化或者是事情的先后步骤。例如，“凤仙花的一生”流程图（图4–2–9）。

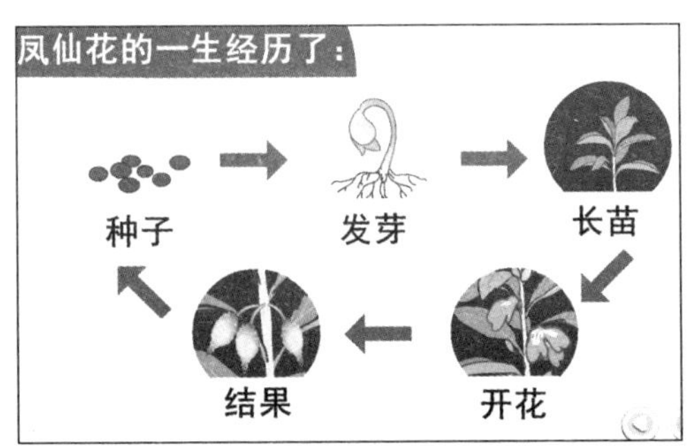

图4–2–9

（7）复流程图：主要用于事物前因后果的分析，进而得出事物的规律。例如，“植物生长的必要条件和作用”复流程图（图4–2–10）。

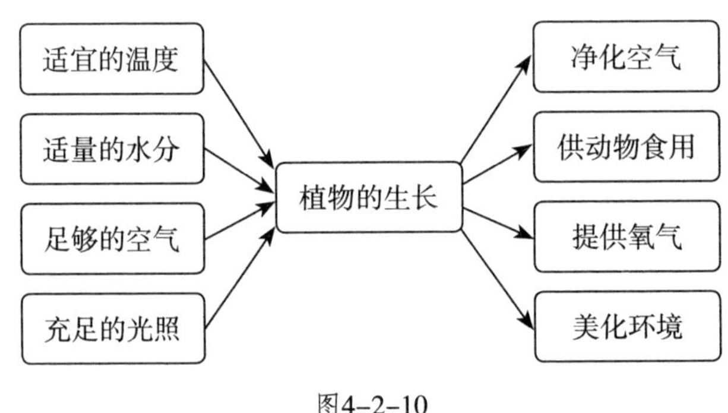

图4–2–10

（8）桥形图：主要用于两个事物之间的对比。例如，“绿豆苗生长是否需要阳光实验记录”（图4–2–11）。

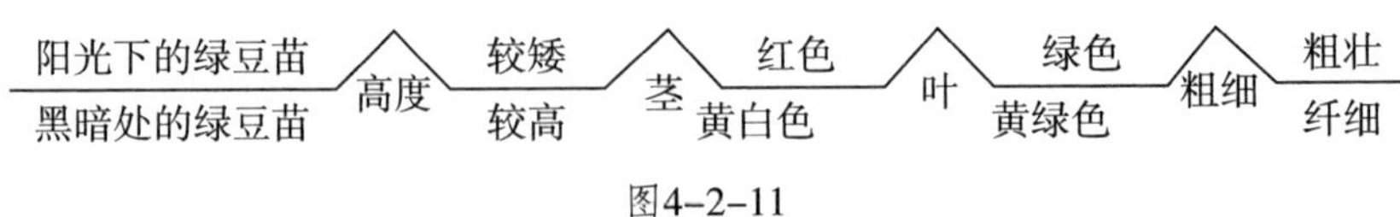

图4–2–11

2. 思维导图

主要用于事物主题的整理和分析。例如，“船的比较”思维导图（图4–2–12）。

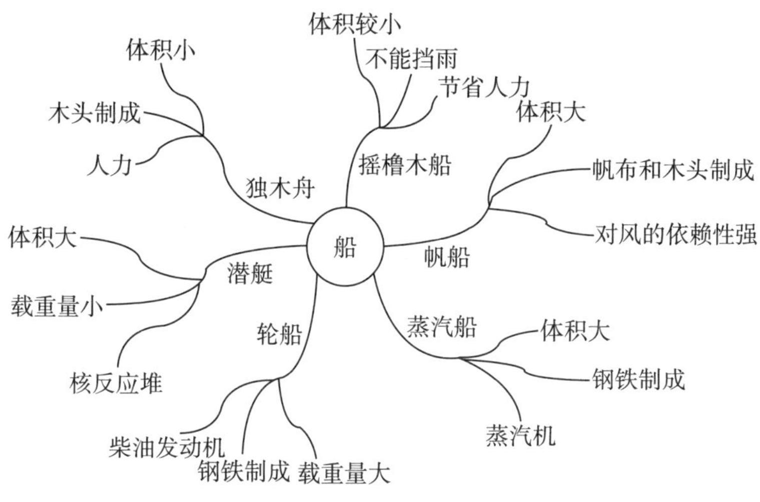

图4–2–12

3. 概念图

主要用于表达逻辑关系，描述事物发展的顺序。例如，“设计我们的小船”概念图（图4–2–13）。

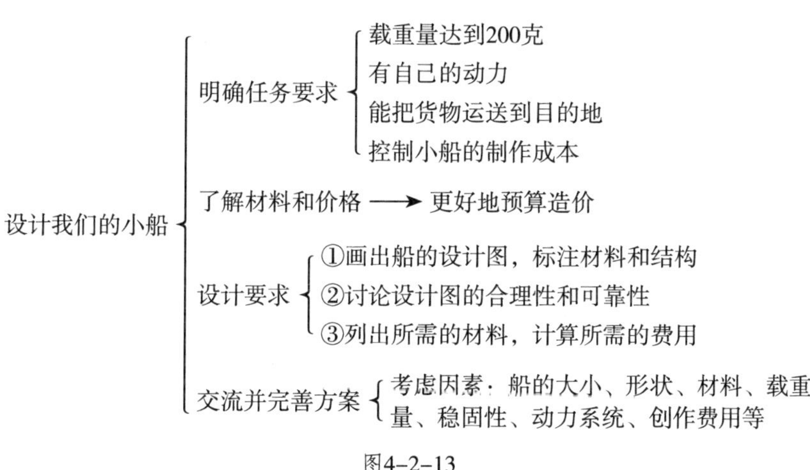

图4–2–13

六、小学科学深度学习的思维可视化教学策略

1. 前概念可视化思维策略

（1）观察绘图策略——前概念绘图可视化

观察法是小学科学学习中比较普遍的一种研究方法，它是在教师的指导

下有目的地观察物体的特征和规律的一种活动。俗话说“眼见为实，耳听为虚”，小学生的思维方式主要是建立在具体的事物上的，所以观察是科学探究关键的第一步。①

【案例】教科版三年级下册《认识其他动物的卵》

鸡蛋是学生非常熟悉的食物，本课引导学生将印象中的鸡蛋内部结构和实际观察到的鸡蛋内部结构画出来，通过观察、描绘和对比，让学生认识到以前没有观察到的鸡蛋内部结构，从而更有目的性地学习鸡蛋的内部结构，为后续学习其结构做铺垫。

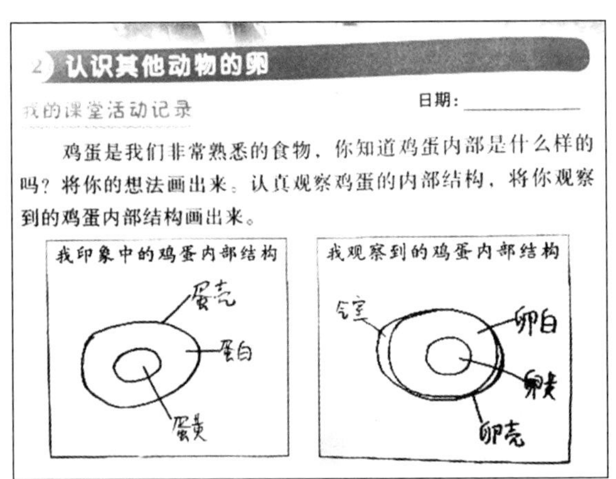

2 认识其他动物的卵

我的课堂活动记录　　日期：________

鸡蛋是我们非常熟悉的食物，你知道鸡蛋内部是什么样的吗？将你的想法画出来。认真观察鸡蛋的内部结构，将你观察到的鸡蛋内部结构画出来。

我印象中的鸡蛋内部结构	我观察到的鸡蛋内部结构

【案例】教科版四年级下册《点亮小灯泡》

本节课的探究目标是学会用电源、导线和小灯泡连接简单的电路。但是学生在之前的课程中并未接触过电源、导线和小灯泡。这就要求教师在探究实验之前让学生认识电源、导线和小灯泡。这三个材料学生在日常生活中已经接触过，但是没有仔细观察过。电池表面上的信息比较多且复杂，学生看了也不能看懂，这就要求教师在指导学生观察电池时有所侧重，把学生的注意力主要转移到连接点上面。另外，小灯泡上也有很多复杂的结构，学生很可能会把关注点放在玻璃泡和下面的连接点上，忽视了细小而又重要的灯丝。为了让学生的

① 顾建峰. 运用图示法让科学学习走向思维可视［J］. 实验教学与仪器，2020（6）：60-62.

前概念得到更清晰、明确的认识，确保后面点亮小灯泡探究实验的顺利进行，笔者将小灯泡上最重要的灯丝去掉，让学生去找出图中未画完的部分。学生在前概念的观察环节就会集中注意力去找到灯丝，并且会思考灯丝为什么这么重要，为后面的探究实验环节埋下伏笔。

小灯泡结构图导学案：

把下面未画完的部分画完，并把各名称标注出来。

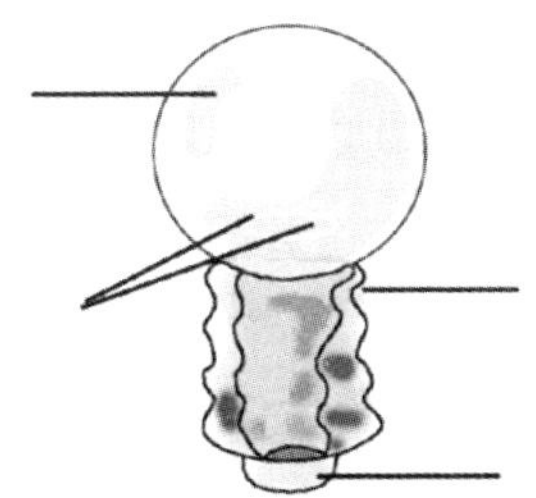

（2）气泡联想策略——前概念联想可视化

气泡图是思维可视化工具中最有逻辑性的一种工具。气泡图是先确定一个主题，然后围绕这个主题发散思维，思考这个主题的特点。它的使用让学生的思维有了方向性，学生更有动力去增加气泡内容，让学生的思维更有条理、更加清晰。①

【案例】教科版一年级下册《我们知道的动物》

下面两幅图是同一个知识点“我们知道的动物”的两种表达方式，结果表明，学生使用右图的气泡图后，能够发现更多主题的特点。学生比较反感文字的堆积，特别是对于低年级学生对前概念的认识，学生喜欢用图的方式表达观点。学生知道气泡内容的填写是有要求、有限制的，随着对每个气泡内容的完善，增强了学习的自信心。若不提供气泡图这种思维可视化工具，省略号让学生觉得内容的填写是没有限度的，学生会随意填写气泡内容，很容易偏离主题，思维发散过度。教师通过学生对前概念知识的气泡图的填写，能够更加准确地把握学生对前概念的认识程度，这有利于教师掌握学生的学习情况。

① 卢庆. 低年段儿童科学思维可视化策略研究［J］. 教师博览（科研版），2018（11）：70–72.

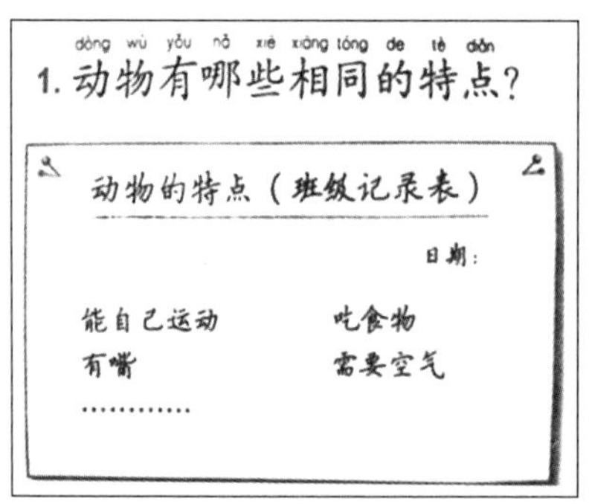
1. 动物有哪些相同的特点？

动物的特点（班级记录表）

日期：

能自己运动	吃食物
有嘴	需要空气
…………	

我们知道的动物的特点（班级记录单）

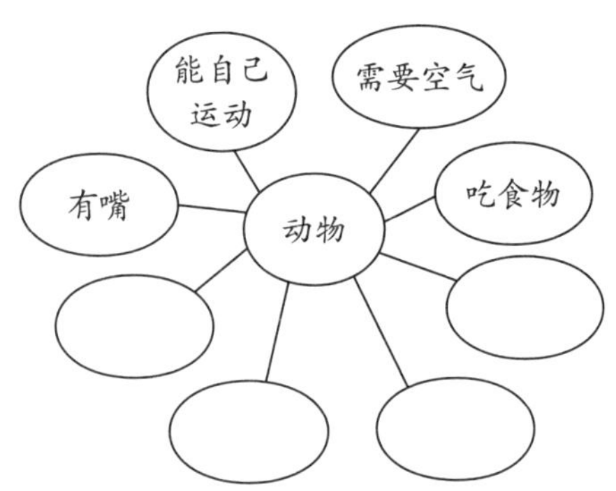

另外，随着学生对气泡图的熟悉，我们可以在气泡图的基础上再加上另一个维度的研究。除了可以发散思考某一主题的特征，还可以用来发散思考事物的用途等。在教学《感受空气》这一课时，教师可以出示下图空气的知识的气泡图，让学生围绕“空气”的知识完善内容，左侧的气泡填写空气的特征，右边的气泡填写空气的用途，学生可能会由物质的特征联想到物质的用途，教师进一步引导物质的用途是由物质的特征决定的。可见，双向气泡图的前概念应用有利于了解学生对知识结构及对知识间相互关系的理解和学生产出新知的能力，有利于培养学生的创新思维。

导学案：结合你的生活经验和以前学习过的内容，说说空气的特征有哪些，它有什么作用。把你知道的有关空气的知识填在气泡图上。

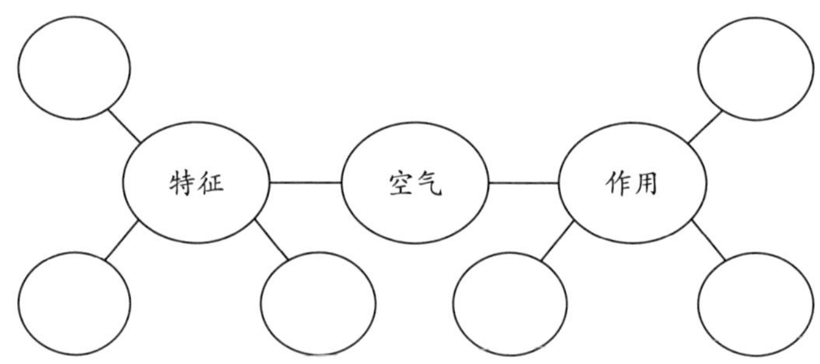

（3）情境体验策略——前概念体验可视化

学生思维水平认知能力比较弱，这主要是因为学生的生活经验较少，从外界获取知识的途径较少，通过创设情境让前概念可视化，可以帮助学生融入问题情境，降低学生学习的难度。①

【案例】教科版四年级下册《电路出故障了》

黄老师把教学课堂创设成日常的维修工作，换装变成电工师傅，带领“徒弟们”检查电路，让学生了解检查故障的基本程序和方法，体会到电工师傅工作的不易。对于电工一类的知识，学生并没有直接的生活经验，也很难通过一定的情感来产生感同身受的效果。只有来自课外阅读的些许认识，这就需要教师创设可视化的情境，让学生亲身体验新鲜的科学课堂，并在体验过程中思考。

（4）问卷调查策略——前概念调查可视化

在学习之前进行前概念的问卷调查，可以方便教师了解学生已有的认知水平，再利用forclass等软件可以迅速在课堂上展示出学生的答案，以此根据学生的认知开展课堂的教学。

【案例】教科版六年级上册《做框架》

曾老师在讲授这节课时利用forclass软件调查学生对框架结构的认识，实时了解分析学生的情况，为学生创设问题情境“究竟怎样的框架结构是最稳定的”，由此引入课题，为完成任务进行各种探究。

① 岳建霖. 情境链接：小学科学深度学习的实施策略［J］. 教学月刊：小学版（综合），2021（1）：51-53.

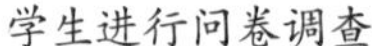

学生进行问卷调查

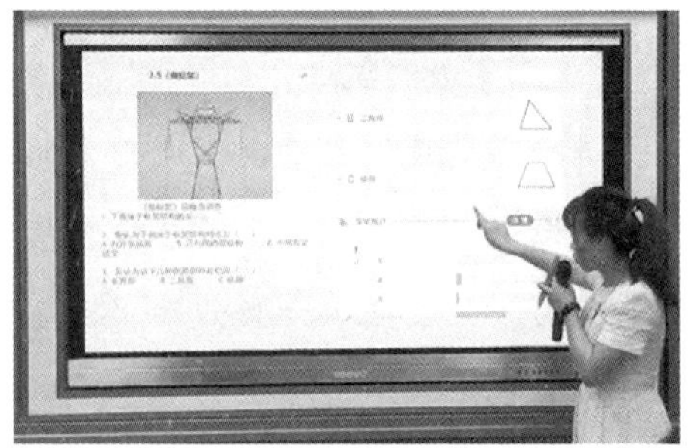

教师进行调查问卷分析

2. 实验探究可视化思维策略

（1）视频演示策略——实验操作可视化

在科学实验过程中，经常会用到一些专门的仪器去辅助实验的完成。这些专门的科学仪器是学生平时在生活中没有接触过的，如果没有讲清楚实验步骤就给学生使用，容易造成实验误差，甚至破坏实验仪器妨碍实验的完成。为了养成学生规范的实验操作，提高实验的成功率，教师可以先拍摄好仪器的使用视频，这跟课本上的用文字列出来实验方法（图4–2–14）相比，让学生更感兴趣，而且学生记忆图像比文字要快，有利于集中学生注意力，避免不必要的安全隐患。

测量水温的方法

- 手拿温度计的上端。
- 将温度计下端浸入水中，不能碰到容器的底与壁。
- 视线与温度计液面持平。
- 在液柱不再上升或下降时读数（测量连续变化的温度时除外）。
- 读数时温度计不能离开被测的水。

图4–2–14

【案例】教科版四年级上册《让小车运动起来》

四年级的学生用各种方法让小车动起来，但是要比较小车运动的快慢时必须要用到秒表。学生之前并没有用过秒表，所以课堂上老师为了让学生了解仪器使用方法，就准备了一段学生使用秒表的视频（见下图），旁边还备注了秒表的开始键、停止键和归零键等，这跟课堂上直接演示相比，既节约了讲解的时间，也让学生清晰明了地了解仪器的使用方法，包括握表方法、按键方法。将操作思维可视化，符合学生年龄发展的特点，有助于学生的实验操作规范化、形象化。

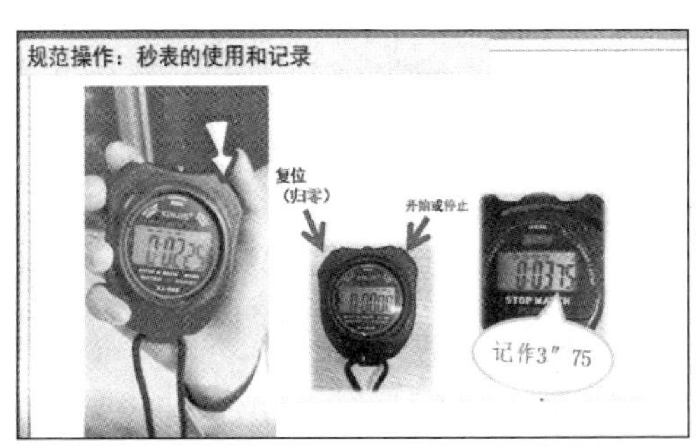

（2）图示设计策略——实验设计可视化

小学阶段的学生普遍思维表达能力不够清晰，但是在深度学习的过程中难免让学生用语言来描述整个实验过程。为了让学生把设计的实验清晰准确地表达出来，教师可以引导学生通过图示的方法把想要设计的实验方案画下来。在随后的实验讨论环节，教师可以借助这些图片将学生碎片化的思维逐步完善，形成结构化的知识网络。①

【案例】教科版六年级上册《电和磁》

吴老师为了让学生寻找更多的方法使指针偏转更明显，吴老师通过语言引导学生可能的方法有增加电池、短路、增加线圈等，但是并没有让学生完全按照老师的思路去设计方案。吴老师大胆地放手，给学生选择其中的两个因素进行探究，并叫学生自主设计实验，把实验的方法通过电路图表示出来（见下图）。我们知道，学生在学习电路知识时的结构化思维是比较难用语言去描述

① 金婕. 浅谈小学低年级科学教学中思维可视化的应用策略［J］. 知识文库，2020（13）：58-60.

的，需要老师引导学生运用图示法去将实验方案呈现出来，以便于学生理解交流，使得学生思维逐步形象化、可视化，实现真正意义上的科学探究。

方法	实验图示	实验现象（在右图画出指南针偏转角度）		我们的发现
		断开开关	闭合开关	
【方法1】增加电池				在电路中增加一节电池，磁针偏转角度______________。
【方法2】短路				拿掉电路中的小灯泡，安装短路的电路，重复刚才的实验，磁针偏转角度__________。
【方法3】增加线圈	一块电池			把指南针放到线圈中间，线圈与磁针所指的方向一致，指南针偏转角度__________。

（3）动图呈现策略——实验现象可视化

在科学实验的过程中，有些实验是耗时长、变化慢的，有些实验是耗时短、变化快的，这些现象的获取可以使用动图呈现的方法。动图的优点是可以将几个实验的关键点呈现出来，便于学生在分析、讨论实验的环节中，得出正确的实验结论，实现思维的可视化。①

【案例】教科版五年级上册《用水计量时间》

在笔者教学这一课时，由于学生对水位的理解不透彻，所以学生很难根据实验现象得出结论。实验要求学生重复测量量杯中的水由0积聚到50毫升、由50毫升积聚到100毫升、由100毫升积聚到150毫升分别用了多少时间。笔者在教学时将3次实验的现象用动图的方式呈现给学生，既保留了实验现象的真实性，也提高了学生对比实验现象发现规律的准确性。由图可以清楚地看出水越多，也

① 盛佳颖．小学低年级科学教学中思维可视化的应用策略［J］．教学月刊：小学版（综合），2019（9）：36-39.

就是水位越高，水流速度越快。同时，在观察现象时也要结合数据变化分析。笔者将全班所有的数据列成表格，结合图像，可以简单明确地表示出水位和时间的关系，有利于学生对数据和现象进行归纳总结和分析。由于小学生对科学数据缺乏敏感性，所以在数据分析过程中加入动图可以直观地将实验规律呈现出来，学生的科学思维得到了有效激活。

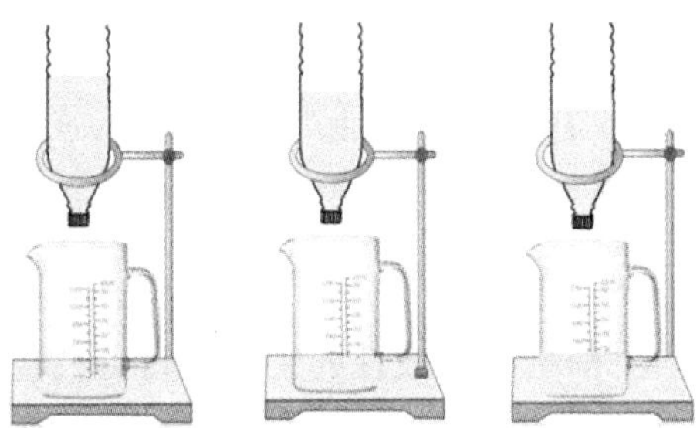

3. 学习效果可视化策略

（1）思维导图展示策略——学习评价可视化

思维导图是以图示的方式将知识点构建起来，形成一个可视化的思维网络图，降低了学生语言表达的障碍，提高了信息传递的效能，培养了学生思维的严密性、概括性和结构性，促进了学生科学学习的深度发展。①

① 季荣臻. 基于“思维可视化”的小学科学探究教学策略［J］. 江苏教育研究，2018（1）：47-50.

在一个单元的学习结束之后，可以指导学生画一个思维导图来指导复习。学生通过对一些相关概念的关联，可以清楚地看到各个知识之间的关系，学生的学习方式从识记升级为思考，培养了归纳、概括、分析的思维能力。比如，学习完《感受空气》这课时，可以让学生根据自己学到的知识画一张思维导图。学生在完成前概念气泡图时已经完成了一部分内容，所以学生继续完善思维导图会比较容易。在这样的锻炼下，学生能够慢慢学会自主提炼知识点，创建自己的思维导图。

（2）情境应用策略——学习分析可视化

光学不练假把式。学生通过课堂学习将科学知识内化，而情境应用就是将内化的知识外显的过程。老师通过给学生设置情景化的问题，如生活中经常遇到的台风、地震、日食、月食等，了解学生在这个情境中运用所学知识解决问题的能力，实现知识的迁移。①例如，在学习五年级上册的“健康生活”单元时，教师组织学生讨论怎样制订一个健康生活的计划。要解决这个问题，学生需要将学过的运动系统、大脑和心脏对生命的影响等因素综合思考，提出切实可信的生活计划。

在小学科学深度学习中学生思维能力的培养是一个漫长而艰巨的过程，因此科学思维的可视化策略显得尤为重要。思维可视化策略是建立在儿童认知心理学基础上的，符合深度学习界定，即在教师可视化思维的指引下，建立前概念知识的联系，让学生围绕有挑战性的主题进行可视化方案设计，让学生体验活动的乐趣，形成系统的知识网络，树立正确的价值观，成为新时代的接班人。

① 岳建霖. 情境链接：小学科学深度学习的实施策略［J］. 教学月刊：小学版（综合），2021（1）：51-53.

深度学习的小组合作策略

一、在深度学习中开展小组合作教学策略研究的意义

小学科学作为一门实践性较强的学科，有许多课题都适合作为学生挑战的学习主题，并且小学科学课程标准要求教师的教学必须面向全体学生，以全面提高每一位学生的科学素质为核心理念。因此，深度学习的概念与小组合作的形式是非常的切合的。

小组合作，也可称为合作学习；合作学习自兴起就受到世界各国教育界的广泛关注，是世界上许多国家普遍采用的一种富有创意的教学理论与策略，也是新一轮课程改革大力倡导的学习方式之一。合作教学理论认为每个学生由于发展水平、兴趣爱好不同，对同一事物有理解和认识程度上的差异，而这种差异正是学生间可以进行小组合作的前提，“只有在有交往、有知识和经验存在差异的人的场合，才会有教学的出现（俄罗斯教育家季亚琴科）。”①

小组合作是以合作学习小组为基本形式，对预设问题展开探讨、思考、实践及归纳的学习过程，是学习者在合作学习中逐步完成学习任务并掌握相关知识，最后以团体的成绩为评价标准，共同达成教学目标的教学组织形式（图4–2–15）。

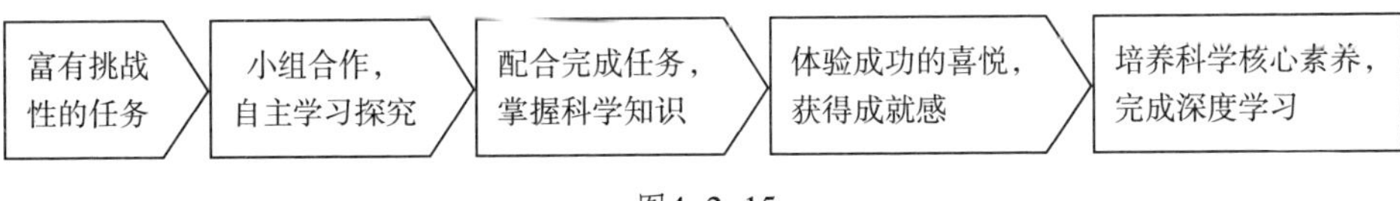

图4–2–15

① 余颖. 语文课程改革中串讲法运用的实践研究［D］. 杭州：杭州师范大学，2015.

根据美国研究院组织和实施的“深度学习研究：机遇和结果（Study of Deeper Learning：Opportunities and Outcomes，SDL）”项目研究的划分，基于深度学习设计的小组合作形式可从认知能力、人际能力、个人能力等三个方面培养学生深度学习的能力。

认知能力：通过小组合作，学生基于教师预设的富有挑战性的任务，自发性、自主性地学习核心学科知识，并与组员、教师进行及时的讨论、汇总、纠错。把学习到的新知识用于完成任务，完成及时的知识应用与迁移，通过讨论纠错，逐步养成批判性思维。

人际能力：通过小组合作，培养学生在完成共同任务中需要承担个人责任的意识，学会有效的沟通与配合、掌握团队协作的技巧，从而圆满完成任务，实现“1+1＞2”的效果，理解团队合作的意义。

个人能力：通过小组合作，让学生合作完成一项探究活动，并通过互相讨论、启发，自主发现科学的基本原理与规律，形成学科思维模式，有效地提高学生的探究能力与创新能力，让学生学会学习（图4-2-16）。

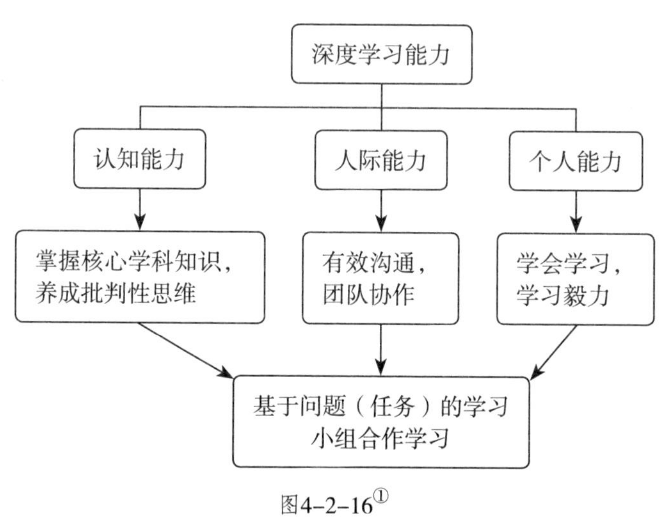

图4-2-16[①]

① 卜彩丽，冯晓晓，张宝辉. 深度学习的概念、策略、效果及其启示：美国深度学习项目（SDL）的解读与分析［J］. 远程教育杂志，2016（5）：75-82.

二、小组合作教学策略应用现状（需避免的误区）

1. 课堂的氛围有余，内容了解不足

在一些公开教学中，即使是一个简单的问题，也要让学生围成一圈进行讨论，表面上看气氛热闹活跃，人人参与，但形式上的热闹掩盖了学生对问题本质的理解。[①]实际上，并不是每个学生都知道小组合作的目的或讨论的问题，或清楚他们在小组合作的分工以及即将合作的内容。看起来热闹，其实只是优等生在讨论、优等生在参与，而学困生只是借机讲话，或者人云亦云。

2. 分组的形式有余，精准分工不足

小组合作强调小组的建构，因此不少课堂采用了多种分组方式，甚至还为此改变了教室的座位布局，但很多教师所采用的小组分组形式是随机组合，或者学生自由组队，并没有按照“组间同质，组内异质”的原理进行分组。这有可能导致分组后各小组水平参差不齐或是优等生抱团，按男女生分派或是小组合作成了优等生的“一言堂”，由优等生包办了整组的探索内容，不利于让学生按照各自的特点发挥各自的作用。

3. 合作的形式有余，必要过程不足

小组合作形式多种多样，可小组讨论、实验、观察、思考。这些在小组合作课堂中随处可见，或者说每样都有，但在实际教学及听课中发现，虽然名为小组合作，实际还是各做各的，没有相互配合、相互交流、相互依赖的合作实质。并且，由于许多教师为了赶课堂进度，以至于小组内的讨论、交流时间不足，导致小组合作流于形式，不能发挥出应有的作用，最终影响小组合作的成效。

4. 结果的表达有余，反思倾听不足

教师偏重于对小组合作的成果展示，以此推进教学的进程，忽略了小组成员之间的彼此倾听。真正的合作意味着彼此接纳与欣赏、不同观点的碰撞与吸收、互相取长补短与共同携手进步[②]。小组合作应更注重合作的过程，让小组

① 陈生云. 小学科学合作学习的困境与消解［J］. 新教师，2015（9）：43-44.

② 同①。

的成员之间充分交流、反思，让合作落到实处。并在反思阶段，让学生明白小组合作的意义，让小组合作的层次升华。

5. 教师的控制有余，自主调控不足

在一些小组合作中，教师干涉过多，忽视了对小组团队的建设和小组自我调控能力的培养。教师不必要性地介入了小组合作中，而不是让学生先由小组内部解决出现的问题，再将组内不能解决的问题向教师请教。学生组内的自主调控不足，不利于小组的持续发展。

三、小组合作策略的具体方法

（一）合理科学的分组方法

1. 合理安排小组人数

传统的小组合作基本以班级人数为基础，每组通常为4～6人，根据班额大小，分成6～9组。而基于深度学习设计的学习小组，则以2人为基本互助单位（互补、互助），小组人数基本为偶数，并根据任务的难易程度安排小组人数。实验步骤、操作复杂，需要组长统筹分工，组员各司其职才能完成的任务，可以2～3个互助单位组成4～6人的小组共同完成任务；而实验步骤、操作简单的任务则由2人互助小组完成（图4–2–17）。这样的小组人数安排，可使组内每个学生都有操作、展示、交流的参与机会，有利于小组成员的共同发展和小组合作的有效进行。

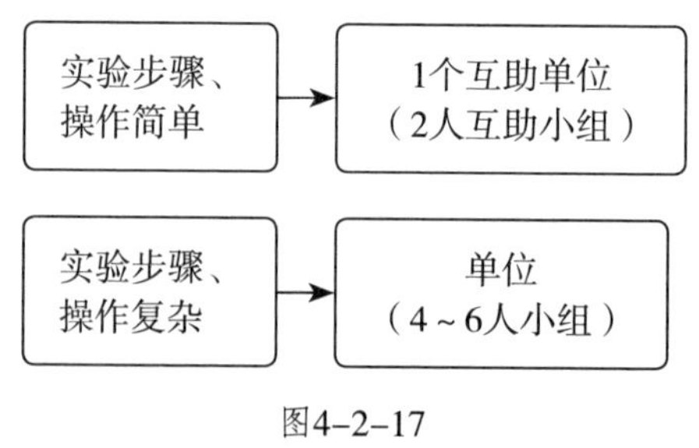

图4–2–17

【案例】教科版四年级上册《弹簧测力计》

四年级上册第三单元的《弹簧测力计》中，认识弹簧测力计及用弹簧测力计测量力的大小等两个实验，实验操作简单，可以2人互助小组进行探索，一人实验操作，一人数据读取及记录。

四年级上册第三单元的《用橡皮筋驱动小车》中，组装用橡皮筋驱动的小车及测量小车行驶的距离与橡皮筋在车轴上绕的圈数的关系等两个实验，实验步骤多、数据记录复杂，需要多人合作。可以2个互助单位组成的4人小组共同完成探索任务，一人为组长、两人为实验操作员、一人为记录员。

2. 精心搭配小组成员：同组异质、异组同质

同组异质：基于深度学习设计的合作小组一般不提倡学生自愿组合，学生个人意愿只能作为参考。合作小组的人员搭配一定要遵循“同组异质、异组同质”的原则，需要根据学生的水平等级、性格特质进行分组，让不同水平、不同特质的学生合作配合，使每个小组都有优秀、良好、中等、待提高等不同水平，及内向与外向、稳定与不稳定等不同性格特质的学生；除此以外，性别亦需要考虑。每组最好都安排一名具有领导能力、善于维护团队、关心他人、具备多血质性格特质的学生，这样有利于小组学习中调动小组气氛，推进小组合作。不同水平的学生所具备的能力描述见表4-2-2，图4-2-18为艾森克的人格类型维度图。

表4-2-2[①]

水平等级	水平等级内涵描述
水平Ⅳ（优秀）	学生能够正确理解科学概念，能在一定情境下综合应用科学知识；能够在探究活动中收集证据，并基于证据说明相关现象或原因；能够综合评估信息，并使用证据反驳来自日常经验的错误观点。能利用简单的模型表达事物结构
水平Ⅲ（良好）	学生能够理解部分科学概念，并在日常情境中应用科学知识；能够识别简单对照实验中的单一变量，并进行简单的实验设计或改进；能基于证据，提出自己的观点
水平Ⅱ（中等）	学生能够理解基本的科学知识，能够超越日常经验解决科学问题；能够筛选证据，对相关图表或现象作出解释或判断；能用简单模型解释相关现象
水平Ⅰ（待提高）	学生能够了解基本的科学事实；能够进行简单测量以及从简单的图表中直接获取信息；能够通过观察、比较等方法，对事物进行简单的分类和排序

① 2020年国家义务教育质量监测结果报告。

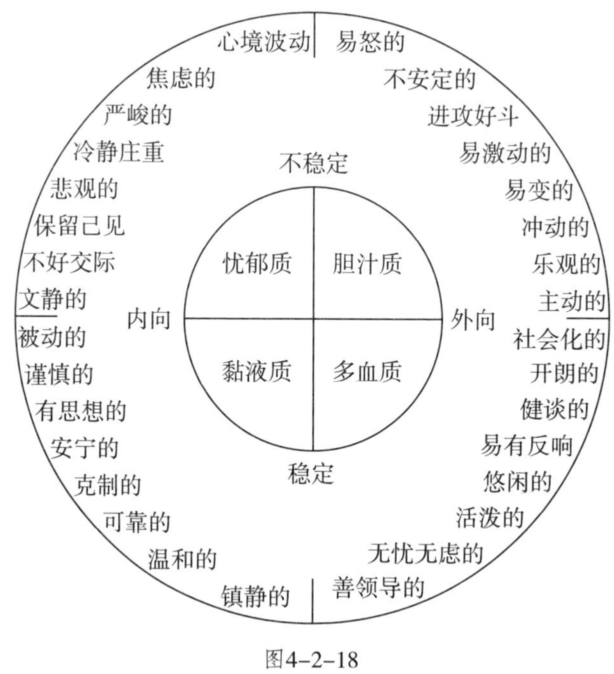

图4-2-18

异组同质：由于每个小组成员都是异质的，所以就连带产生了全班各小组间的同质性，即可以使任务进度相对统一，保持组际之间的均衡性，有利于组际间的交流和竞争，并体现了“同组异质、异组同质”原则。同组同质容易造成两极分化、班级混乱，使课堂进度难以控制。

3. 明确组内成员分工

在构建好学习小组后，教师还要帮助各小组进行合理的人员分工，明确任务职责，如此，合作时才不会出现有学生没事干，没参与的情况，或出现学生不能胜任其小组职责的情况。

【工具链接】以科学课上最基础的探究实验为例

组长：小组合作的核心人物，需要组织能力较强、知识基础好的学生来担任。其职责为：负责组织小组活动，明确组员分工及任务，鼓励、督促所有成员参与活动，控制讨论时间以确保在规定时间内完成讨论任务；把控实验进程以保证实验的准确性和及时完成任务；在成果展示课上，能汇总整理好组内的讨论或成果，确保成果展示的顺利进行，并解决组内因合作产生的矛盾和组内人员情绪问题等。

记录员：负责记录实验数据、讨论结果等需要记录下来的一切关于小组合作成果的文字记录；亦可将组内不能解决须向教师请教的问题记录到疑难问题解答卡上。需要责任心强、细心、书写能力强的人来担任。

实验员：完成具体实验的操作，并在组长的组织下，有序、准确地完成复杂实验的实验步骤。需要操作能力强、知识基础也过得去的学生来担任。

汇报员：将本组需汇报的小组成果，完整、清晰地展示、汇报给全班的同学。需要表达能力好的学生来担任。

4. 适时进行组间调整

小组及小组成员在一段时间内不适宜更改，这有利于学生间的熟悉了解、优劣互补。但是在小组合作学习一段时间后，教师应调查各小组的合作情况，各小组的发展如不平衡或出现小组合作不佳的情况，教师应根据组内互评、学生特质的变化，以及课堂上的观察，进行及时的人员调整，使学生更好地发挥自身特长，优化小组合作效率，促进学生的深度学习。

5. 小组分工的轮换制

小组内也可以实施值日组长轮换制，让每一位同学都有参与本组管理的机会。各种角色分工也不是长期固定的，组内成员可以根据实际情况自行调整[①]，从而实现小组角色的多重体验，让学生体验在每一个角色上的感受，既增加新鲜感，也可以实现换位思考，促进小组的良好发展。

（二）有效适合的合作内容

1. 任务难度要适中

小组合作是学生完成深度学习的一种策略，但并不是唯一的策略。首先，合作的内容要紧扣课程标准，从科学观念、科学思维、探究实践、态度责任等四方面入手，全方位地培养学生的深度学习能力；其次，教师应根据教学内容、学生实际和教学环境等，选择有价值、有一定难度的学习任务。学习任务不能是由学生独自思考、独自操作就能完成的，而必须是学生集思广益、共同操作才能完成的任务，但也不能过难，一定要在学生的最近发展区内。在有需

① 王明. 如何让小组合作学习在科学课堂中变得更为有效［J］. 科学咨询，2015（39）：26-27.

要和有条件的情况下引导学生进行小组合作，才能最大限度地实现小组合作的价值，发挥小组合作的作用。

【案例】

个体学习：一年级上册《观察叶》一课，内容简单，即便是一年级的学生，亦可独自完成观察叶片结构的学习任务。

小组合作学习：四年级上册《设计制作小车（一）》中则有富有挑战性的任务。学生利用生活中的材料设计一辆具有动力的小车，使它能在5秒内把2块橡皮运输1米远；具有一定难度，个人难以完成，小组合作则可以。并且，学生已经学习过不同动力驱动小车等知识，可以先小组讨论有关制作的小车类型、使用的材料等问题，集思广益，讨论出符合要求的小车和所需的材料，并制订最优方案；然后通过团队协作，根据方案加工制作，进行小组的汇报展示。

全班性学习：五年级下册《船的历史》一课，关于船的知识、历史，同学们知道的都不多，小组活动例子过少，不好归纳总结，使简单的问题需要花费更多的时间来解决，反而适合全班性的讨论，从而让少量的有效发言得到汇总，节约课堂所需的时间。

2. 任务层次化、科学安排任务进阶

任务的难度需要根据小组的合作成熟度、学生的知识能力等方面进行调整，要遵循先易后难、由浅入深、由表及里的原则，把任务层次化，科学安排任务的进阶，以形成有序的深度学习结构。教师则需要将学生在进行任务的过程中所需要用到的科学材料提前准备好，等在学生的“下一个路口”，精准引导学生继续前进，让学生完成即时的知识迁移与应用，体验成功的喜悦及合作的重要性。

【案例】教科版四年级上册《用橡皮筋驱动小车》

任务难易程度	准备材料	任务内容
任务一（易）	橡皮筋	感受橡皮筋的弹力，思考：可以用橡皮筋驱动小车吗？
任务二（较易）	玩具用小车、橡皮筋、橡皮筋连接件及组装的演示视频	组装用橡皮筋驱动的小车

续 表

任务难易程度	准备材料	任务内容
任务三（较难）	玩具用小车、橡皮筋、橡皮筋连接件、米尺、直尺及准确测量的微课演示视频	推测小车行驶的距离与橡皮筋在车轴上绕的圈数有什么关系
任务四（难）	玩具用小车、橡皮筋、橡皮筋连接件、秒表、弹簧测力计	橡皮筋缠绕一圈时和缠绕多圈时，产生的力大小一样吗？ 橡皮筋缠绕一圈时和缠绕多圈时，力作用在小车上的时间一样吗？

（三）教师精准定位，科学管理分组

基于深度学习的小组合作倡导一种新型的师生关系，教师不再是课堂的主导者，而是课堂的观察者、引导者、参与者和评价者（图4–2–19）。学生作为课堂的主体，进行自主的小组合作探究，教师则随着学生的探究进程，一起思考、一起发现，共同交流，彼此促进，形成平等、和谐、合作的师生关系。

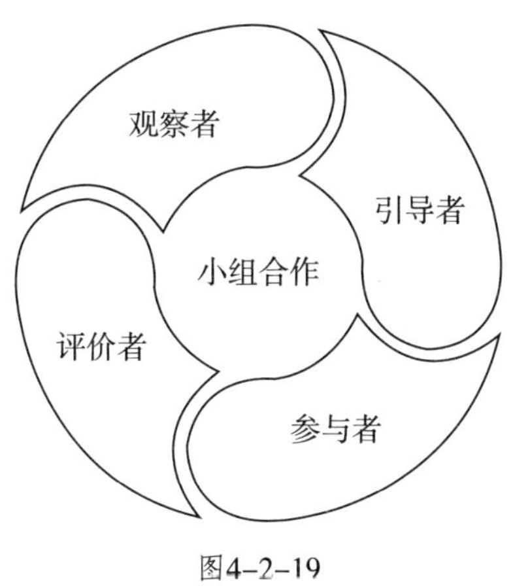

图4–2–19

在基于深度学习的以小组合作为策略的科学课上，教师必须做好课前结构化材料的准备、课中良好的引导以及课后多元化的评价激励三个方面的工作。

课前：准备好科学的、结构化的材料，等在学生的“下一个路口”，让材料精准推进学生的小组合作进程与方向。

【案例】教科版六年级下册《校园生物大搜索》

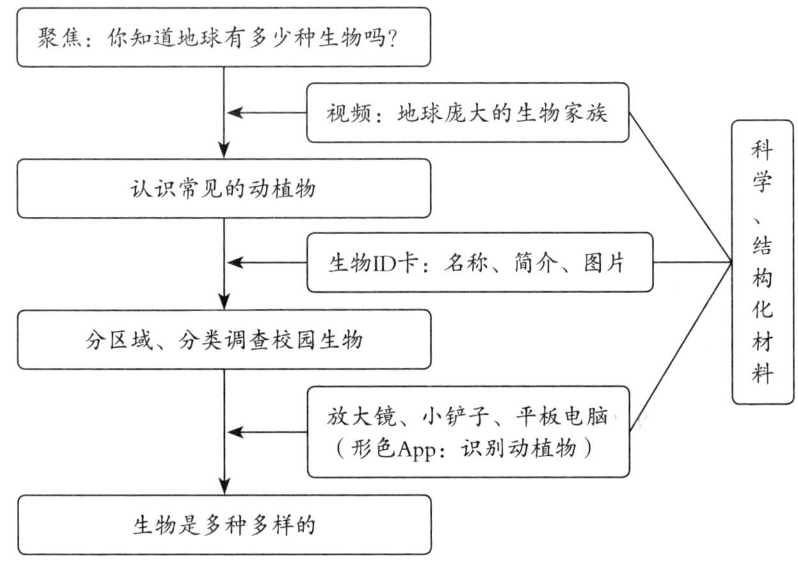

课中：教师应把大部分时间用于“看”学生的操作与实验，“听”学生的发言与讨论，“悟”学生的所思与所想。运用观察、巡视、讨论等方式积极地对小组合作加以监控，在学生需要帮助的时候及时给予指引，从旁辅助推进小组合作的进程和质量，在一个任务的结束后促进各小组思维资源的有效共享，使各组进度相对统一；观察小组的分工是否准确，是否需要调整，帮助每一位学生在小组合作中找到最准确的定位。

课后：在小组合作结束后，对学生的成果进行全面的、多元化的评价，让学生学会反思自己在小组合作中的优点和不足，善用鼓励和肯定，激发学生的合作热情，促进下次更加有效的小组合作。

因此，教师只有处理好自己的位置，才能更好地促进学生之间的小组合作。

（四）善从细微处培养学生学习习惯，从旁辅助学生发展相互依赖关系

良好的学习习惯，是学生在小组合作过程中取得成功和发展相互依赖关系的关键。在教学过程中，要善于从细微处入手，培养学生倾听、质疑、表达等学习能力，并培养学生坚持、配合等社会技能。

学生学会倾听，不随便打断教师或其他同学的发言，才能听清小组合作的学习目标、学习方法；学会批判性地吸收别人的观点来完善自己的思考与想法，进而相互激发、促进。俗话说："学成于思，思源于疑。"在小组合作中，教师可以通过适当的引导，让学生学会质疑，在与别人的思考有歧义时，也积极思考，彼此促成。这样学生就会在一步步的质疑中不断成长。学生要学会将自己的思考清晰地表达出来，教师要学会引导，让学生把每一次的发言都当作锻炼自己的机会，这有助于小组成员的沟通交流，促进小组成员的共同进步、共同成长。

【案例】教科版六年级上册《电和磁》

1. 小组研讨

各小组都把自己观察到的现象贴在展板上了，请根据展板上观察到的现象，结合小组的实验发现，组长组织讨论你们发现了什么证据，请组内每一位同学都发表自己的观点，或者附议组内其他同学的观点。

2. 集体交流

请问有小组汇报自己小组的观点吗？其他小组对这个小组的观点赞同吗？不赞同的，请阐述一下你们组的观点。

研讨指向层次：

第一层指向电：电流能让指针偏转吗？现在大家支持这个观点吗？哪些证据可以支持这个观点？

整理证据：做了几个实验都可以发生偏转。

第二层次指向磁：是电产生磁让磁针偏转吗？我们现在找到哪些证据支持我们的观点？

整理证据：电流越大，小磁针偏转的角度越大。导线圈数越多，偏转越大。

追问：磁针偏转角度变大说明什么？

第三层次辨别：电引起的小磁针偏转，像磁引起的偏转，还是更像铁引起的偏转？

（五）在每次任务开展前，学生必须清楚当前需要完成的任务及要求

在每一次开展小组合作前，都必须清晰、明确地讲清楚本次小组合作的任务是什么，若是实验课，要讲清楚实验的目的，实验的方法、步骤；若是讨论，要明确讨论的目的，待会汇报的内容是什么。否则就会出现"假热闹"，学生都动起来了，但却是漫无目的地瞎做，或者盲目跟从优等生做实验，最终毫无收获和体验可言。

（六）给予小组合作的学习环境

1. 建立轻松、平等的学习氛围

教师在学生眼中总是很有威严，迫使许多学生不敢发言表达自己的观点，而小组合作中，教师也变成了学生的合作者，身份平等，共同讨论。教师通过创设有趣的情景，创造轻松、愉快的学习环境，如户外小组合作，这会让学生兴趣倍增。小组成果的分组展示活动，更是让学生惊喜连连，共同体验科学课堂带来的乐趣。

【案例】教科版四年级下册《电路出故障了》

四年级下册《电路出故障了》一课，可以这样创设情景：

电工情境：

电对我们的生活很重要。电让我们的生活明亮起来，让我们的生活变得舒适。但是生活中也会出现电路出故障的情况。电路出故障从小说会影响我们的日常生活，从大说会影响社会的经济与安全。因而，有一种劳动者，他们的工作就是减少此类情况的发生，他们的职业名称就是电工。

今天我们就来当“电工”。你们是“小电工”，老师是“电工黄师傅”。

建立和谐的小组关系。在做好组建和分工工作后，还要营造一个和谐的小组活动氛围，它是完成合作活动的前提和保证。和谐的小组关系需要所有小组成员一起维护，更需要教师及时发现问题，并及时解决、调整，小组内的成员要相互依赖、相互沟通、相互合作、共同负责，才能共同进步，完成小组的共同目标。①

2. 充分的时间、空间

保证时间，开放空间，是合作学习取得成效的基本前提。没有一定的时间，小组合作将会流于形式。因此，我们要给学生提供充分的操作、探究、讨论、交流的时间，组织组内讨论、组间讨论及全班讨论，不同形式、不同范围的讨论让每个学生都有发言的机会和相互补充、更正、辩论的时间，使不同层

① 张月明. 高中信息技术课堂的合作学习研究［J］. 文理导航·教育研究与实践，2019（6）：256.

次学生的智慧都得到发挥。同时，小组合作的形式应该少而精，一节课可专注于一种形式，或操作或讨论或交流，让学生深入操作、深入讨论、深入交流，让小组合作落到实处。

（七）组间竞争的开展

学生基本都具备较强的竞争意识。在开展小组内合作的同时，积极开展各小组间的各种比赛与竞争活动，并适当运用奖励的方法。组间的竞争可以激发组内同学的学习动机，增强组内凝聚力，培养团队精神。

【案例】教科版五年级下册《设计和制作生态瓶》

在小组合作活动开展前，我有意识地激发学生的小组竞争意识，提出了竞争的规则。①纪律：哪个小组活动过程最安静、最有序。②思考：哪个小组自主选择的方法最高效、最创新。③效率：哪个小组完成任务的速度最快。④参与程度：哪个小组的全员参与程度最高。

以上的竞争规则以活动的展开为线索进行制定，使学生活动有了约束，也使合作活动开展的有效性得到了明显的提高。当然，只有规则却不执行是没有发展性的，所以在活动进行时我会给予及时的引导与评价，营造组内合作、组际竞争的良好氛围。在活动结束后的综合性评价中，师生依照以上规则进行评选，共同评出“纪律最佳组”“智慧超群组”“配合默契组”等，这使学生的积极性和小组合作学习的有效性得到了极大的提高。

（八）多元化的小组评价体系

小组合作的评价应包括小组内成员自评、他评，小组间的互评，教师的综合评价等多元化的评价体系；评价的内容全面，包括了小组在任务过程中的各个阶段、各个方面的评价；评价注重小组的整体性和全程性。有效的评价能促进小组合作学习更有效地开展。

对小组合作学习的评价不仅是为了考查学生达到学习目标的程度，更是为了检验小组合作的配合与效率，从而有效地促进小组合作的开展。及时而有效的评价能使每位成员更清楚自己的每一点进步，体验合作学习成功的喜悦，从而进一步激发合作学习兴趣。

1. 小组内成员自评、他评

小组内的自评，有利于学生发现自己在小组合作中的参与度、贡献度，并通过组内其他的成员的评价，及时发现自己不足与优点，及时做出调整，从而有利于小组合作的发展。

【工具链接】

你觉得你今天的表现可以打几颗星？（10颗星为最高）

你认为最佳的队员是________，理由是____________________________。

他/她的表现可以打几颗星？（10颗星为最高）

你认为最不配合的队员是________，理由是________________________。

他/她的表现可以打几颗星？（10颗星为最高）

2. 小组间互评

组间的互评机制，有利于组间的良性竞争，组间互评有助于小组成员发现自己在小组合作中的不足，有助于小组内合作模式的调整，并且通过其他小组对自己小组的认可，增强小组内成员的集体荣誉感，提升小组内成员的凝聚力，有助于下一次的小组合作。

【工具链接】

在小组成果展示后，小组间进行组间互评，每组可有3票，1票可投给自己组，另外2票只能投给除自己小组外的其他小组，这2票可投给同一小组亦可分别投给不同的2个小组，并说明投票原因，最后记录得票最高的小组，授予“最佳合作小组”称号。

3. 教师的综合性评价

教师在合作学习的最后，应当进行科学的评价，善用鼓励和肯定，激发小学生的合作热情，为下一步合作学习的开展奠定基础。在评价过程中，应多以小组为单位而不是以个人为单位。强调评价的全程性和评价方式的多样化，以小组为单位的教学评价模式，有利于培养学生在团队合作过程中的协作能力，尤其是对于小学生而言，团队协作意识的培养尤为重要；另外，在教学评价的过程中，教师不仅仅要关注学生对相关科学知识的掌握情况，还应当强化学生创新能力、实践能力的点评，让科学的教学点评，为促进学生的进步和发展奠定基础。①

① 杨茂红. 新课改下小学科学小组合作学习的有效性探究［J］. 考试周刊，2017（47）：47.

【工具链接】

小组合作综合评价表

班级：__________　　姓名：__________　　组别：__________

<table>
<tr><th colspan="4">组内评价</th><th rowspan="2">组间互评（每组有向其他两个组加5分的权利）</th><th rowspan="2">教师综合评价（10分）</th><th rowspan="2">总得分</th></tr>
<tr><th>项目</th><th>评价内容</th><th>自评（10分）</th><th>组评（10分）</th></tr>
<tr><td>交谈（20分）</td><td>我的发言始终紧扣主题，始终保持较低的声音，与小组的每一个成员都能够很好地交流</td><td></td><td></td><td></td><td></td><td></td></tr>
<tr><td>活动（20分）</td><td>我们设定了目标，并努力实现这些目标。我为实现目标发表了意见并努力工作</td><td></td><td></td><td></td><td></td><td></td></tr>
<tr><td>分享（20分）</td><td>我与他人一起分享资源、材料、观点、任务与责任。我完成了所承担的那部分工作，为小组作出贡献</td><td></td><td></td><td></td><td></td><td></td></tr>
<tr><td>倾听（20分）</td><td>我是一个好听众，能认真听取每位同学的发言，并能客观地发表自己的评价</td><td></td><td></td><td></td><td></td><td></td></tr>
<tr><td>合作（20分）</td><td>我很乐于和同学在一起，我的学习方法是成熟的，既是独立的又是合作的。我向有困难的同学提供了帮助</td><td></td><td></td><td></td><td></td><td></td></tr>
<tr><td colspan="2">在本节课（活动）中，我在合作学习能力方面表现得好的地方有哪些？</td><td colspan="5"></td></tr>
</table>

续 表

组内评价				组间互评（每组有向其他两个组加5分的权利）	教师综合评价（10分）	总得分
项目	评价内容	自评（10分）	组评（10分）			
与上次相比，在本节课（活动）中我与人合作学习的能力是否有了提高？如果有，具体体现在哪些方面？						
以后的学习中，在合作能力方面我还需要改进或加强的地方有哪些？						

深度学习的数据分析处理策略

一、在深度学习中开展数据分析处理教学策略研究的意义

在对所研究的事物对象展开定量或者定性分析过程中，数据将会使得整个分析过程条理清晰、逻辑严密、论证充分，从而提高结论的可信度和说服力，与深度学习侧重的学生高阶思维和问题解决能力相契合。教师要发挥主导性，引导学生通过处理、分析实验数据验证猜想、得出结论、总结知识，这起到了承接实验和理论教学的作用，是科学课教学的关键一环。

实验为学生探究能力、理性思维的发展提供了很好的渠道，学生能够观察到明显的实验现象，但小学生正处于由形象思维转化为抽象思维的关键时期，对于看不见、摸不着的抽象的数据变化敏感度较低，这就造成学生无法有效分析数据之间存在的关系。[①]而数据分析会使学生的头脑更精确化、更科学化，

① 宋斌，赵启安. 基于数据分析的小学科学实验［J］. 中小学数字化教学，2019（5）：21-23.

只有能用数据来描述事物和现象时，才算达到了对事物性质的真正了解，这符合深度学习的联想与结构、本质与变式、迁移与应用等特征，也实现了科学课的根本目的。

因此，在组织小学生开展科学教育活动的过程中，应该充分、正确地引导学生深刻理解实验数据的重要作用并且正确运用实验数据，纠正学生对于数据的错误认识，促进学生思维能力和学习效率的有效提升。要把握好数据与教学的关系，突出数据角色，培养学生的数据意识，从而帮助学生形成严谨、细致的科学态度，更加深入地掌握相关知识，提升发现问题、研究问题、解决问题的能力。

二、数据分析处理教学策略应用现状

1. 数据素养仍需进一步增强

数据素养指识别、收集、分析、利用、批判数据的能力，即利用数据解决生活中实际问题的能力，其与《义务教育小学科学课程标准》中提出的“科学素养”内涵殊途同归。培养好学生的数据素养对科学素养的培养有着重要意义。[①]

错误的数据可能产生以下不良后果：①无法准确回答研究问题。②无法重复和验证。③浪费课堂时间和师生精力。因此，在实际教学活动中，有些教师不注重全班数据汇总，刻意回避问题数据，只采用自己满意的结果。

然而，课堂实验中出现个别问题数据是不可避免的，教师应以实事求是的态度去对待个别同学或小组收集到的问题数据。如果一味地追求“理想结果”，则会导致个别小组没有重复论证的机会，无法自主得到合格数据；甚至有些学生只重视结果，而被迫编造数据，忽视数据收集过程的严谨性。这些情况不利于学生数据素养的形成。没有全班的相互论证，对个别小组的实验误差不加分析，那么学生对数据的认识就是片面的、无所谓的，学生的严谨态度、批判思维也没有得到锻炼。

① 孙文钰. 小学科学教学中学生数据素养的培养研究［D］. 曲阜：曲阜师范大学，2019.

2. 数据分析缺乏逻辑支撑

小学科学课程标准中科学探究目标提出，学生通过收集和分析信息获取数据，经过推理得出结论。实际教学中有的科学教师只重视完成教学任务，没有培养学生分析实验数据的能力，没有引导学生开展深度学习。在收集数据后，没有引导学生进行数据对比，发掘数据的特征、趋势、指向，在分析不充分的情况下想当然地给出学生结论，这极大地降低了学习效率，使得学生在大跨度的跳跃中缺少逻辑引导，因而摸不到头脑，无法理解实验的真正意义，也无法提高处理实验数据的能力，给他们今后的学习带来不利影响。

因此，在教学中可以在组内个体论证的基础上，引导全班同学对其他小组的数据比较分析、质疑批驳、解释评价，让小组之间通过不同观点的相互辩解，产生思维的碰撞，理解数据背后的科学，从而培养学生实事求是的科学态度以及收集数据、处理信息的科学探究能力。

三、核心词汇界定

小学科学教学包含物质科学、生命科学、地球与宇宙空间科学、技术与工程四个领域的内容。每一部分课程内容是由多个活动组成的，这些活动大部分以实验或实践的形式开展，活动中会产生各式各样的数据。根据数据的性质，可分为三类。

数字定量型数据： 通常指以数字形式呈现的数据，是实验中通过控制实验对象而收集到的变量，如距离、个数、次数、时间、质量、温度等。这类数据以有组织的形式呈现，以行列结构分类，每一行代表一个观测对象，每一列代表一个观测特征。

【案例】

教科版《科学》一年级下册“认识物体的形状”中，为了让学生从“占据空间”这个角度理解形状是物体的重要特征之一，比较同一个盒子（同一“空间”）所能放入不同物体的最大个数不同，认识到物体的形状会影响它“占地方”的方式，进而认识到不同物体的形状有所不同；教科版《科学》四年级上册《用橡皮筋驱动小车》中，探究橡皮筋缠绕圈数与小车行驶距离的关系；教科版《科学》五年级上册《摆的快慢》一节中，比较不同质量（原来质量、两倍质量、三倍质量）的摆锤30秒摆动次数，分析摆锤质量与摆动次数之间的关系，进而得出摆锤质量与摆动快慢之间的关系。

定性型数据：一般用“是、否”或“√、×”表示。该类数据用于表示定性，能够显而易见地揭示科学规律，通常与其他类型数据联合出现。

【案例】

教科版《科学》二年级下册《磁铁能吸引什么》中判断哪些物体能被磁铁吸引，哪些不能被磁铁吸引，进而得出能被磁铁吸引的物体的共同特点；教科版《科学》四年级上册《食物中的营养》，检测食物遇碘酒是否能变蓝色，进而得出食物中是否含有淀粉；教科版《科学》四年级下册《导体和绝缘体》中，将元件连接入电路中，用电路监测器检测电路是否为通路，以此判断物体是导体还是绝缘体。

自由格式型数据：指以自由格式记录的数据，通常包括文本、图片、原始音频等。

【案例】

教科版《科学》三年级下册《迎接蚕宝宝的到来》中对蚕卵进行观察和记录，进而认识蚕卵的形态特点；教科版《科学》五年级上册《光的反射现象》中，画一画光在镜面上的反射路线，将思维通过画图呈现，认识光的反射路径；教科版《科学》四年级下册《果实和种子》一节中，对不同的果实内部结构进行观察和记录，进而认识特定的果实和种子；教科版《科学》四年级下册《岩石、沙和黏土》一节中，从五个方面观察比较岩石、沙、和黏土的特点等。

授课教师应首先从课程标准出发，思考学生记录单的生成，分析每堂课所涉及的数据类型，并厘清教学思路。对涉及数字定量型数据的课程，要从旁观者的角度去引导学生完成实验操作，及时纠正偏差、反思错误；对涉及其他类型数据的课程，要从参与者的角度去发掘学生的兴趣点，一同完成发现和体验的过程，从而更好地鼓励学生大胆自由实践。

四、深度学习视域下数据分析处理策略的原则

科学实验对于观察、测量、调查、统计等定量研究有着严格的要求，是深

度学习“活动与体验”部分的主要表现形式，而这一表现形式的落脚点在于实验数据，准确收集数据尤为重要。要获得准确的实验数据，任课教师必须从质量保证和质量控制[①]两个层面着手。

质量保证：在数据收集开始之前进行的活动，侧重于预防问题。一般包括以下要点：①确定需要收集的数据项目或类型，合理设计列表。②明确数据收集人员（实验小组）和实验方法。③检查、维护实验器材或工具，及时升级或替换不稳定的工具，防止因器材问题导致数据出现误差。④做好相关技能培训，使学生正确使用实验器材和测量工具，如温度计的使用方法、量筒的读数、弹簧测力计的使用方法等仪器操作。

质量控制：在数据收集期间和之后进行的活动，侧重于纠正问题。一般包括以下要点：①实时纠正多数学生因理解实验方法不到位、仪器操作错误而导致的共性问题。②制止不认真或造假行为。③收集个别学生或小组出现的错误，用于反思检验。

五、数据分析处理策略具体方法

数据分析是指使用适当的统计方法对收集的大量数据进行分析，将一大批看似杂乱无章的数据中隐藏的有价值信息整合提炼出来，找出研究对象的内在规律。[②]对实验中的数据进行有序梳理、分析的过程，是学生聚焦挑战性问题、开展探索、探究的过程，分析的结论能够起到激活原有认知和主动建构学习的作用。

在科学实验中，如果实验结果是一组连续的数据或对比数据，特别是因变量随着自变量变化而变化的情况，教师可以用列表、作图等辅助手段梳理数据，以帮助学生观察数据，从数据中发现规律。

小学科学课堂常用的数据分析方法包括对比分析法、分组分析法、整体复盘法。

① WHITNEY C W，LIND B K，WAHL P W. Quality Assurance and Quality Control in Longitudinal Studies［J］. Epidemiologic Reviews，1998，20（1）：71−80.

② 陈红波，刘顺祥. 数据分析从入门到进阶［M］. 北京：机械工业出版社，2019.

1. 对比分析法

该方法又称为比较分析法，通过指标数据的对比来反映事物在量上的差异和变化，是最常用的方法。对比分析法根据实际应用又可分为横向对比和纵向对比。

（1）横向对比

横向对比是不同事物在固定维度（控制变量）上的对比。该方法需对数据按定性进行排序，以便突出最值或趋势。

【案例】教科版三年级上册《水能溶解多少物质》

通过记录食盐和小苏打分别溶解在50毫升水中的份数，比较食盐和小苏打的溶解能力。在均分食盐和小苏打的时候，难免会出现分不均匀的情况，造成实验过程中溶解份数的不同，因此要进行多次实验，或汇总多个小组的数据。通常情况下，50毫升水中能溶解7份食盐（约18克）或2份小苏打（约5克）。

份数	1份	2份	3份	4份	5份	6份	7份	8份
食盐是否溶解	是	是	是	是	是	是	是	否
小苏打是否溶解	是	是	否					
我的发现	当食盐加到8份时，出现沉淀，说明食盐可以溶解7份左右；当小苏打加到3份时，出现沉淀，说明小苏打可以溶解2份左右。							

（2）纵向对比

纵向对比指同一事物在不同维度（控制变量）上的对比。

【案例】教科版四年级上册《声音的高与低》

探究不同振动长度尺子音高的变化，发现钢尺伸出桌面越短，振动越快，声音越高；钢尺伸出桌面越长，振动越慢，声音越低。教师引导学生通过改变尺子振动部分长度，使尺子发出高低不同的声音，进而对实验现象进行总结，过程中引入柱状图分析方法，拓宽学生的知识面，培养学生将复杂的过程模型化、简单化的思维模式。

钢尺伸出桌面的长度（厘米）	声音高低	振动快慢
5	高	快
10	较高	较快
15	较低	较慢
20	低	慢

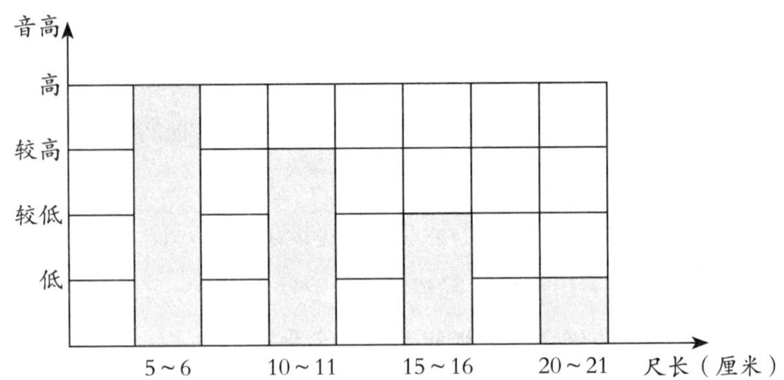

需要注意的是，一些情况下，最优值或趋势并非单纯通过数值体现，且同一事物可能存在多个判断指标。比如，五年级下册《绿豆苗的生长》一节中，分别记录阳光下和黑暗处绿豆苗的高度、茎和叶的颜色、茎的粗细，学生对照观察记录表（表4–2–3），形成绿豆苗生长对光需求的认识。该案例本质上仍属于纵向对比法。

表4–2–3

班级：________ 姓名：________ 组别：________

项目	高度（测量取平均值）	叶的颜色	茎的颜色	茎的粗细	整体的生长状况
阳光下的绿豆苗	10厘米	绿色	翠绿色	2毫米	☑健壮 □瘦弱
黑暗处的绿豆苗	8厘米	黄绿色	白色	1.5毫米	□健壮 ☑瘦弱
我们的解释	绿豆苗的生长☑需要/□不需要阳光。				

2. 分组分析法

分组分析法与对比分析法相似，不同处在于分组分析法可以按照多个维度将数据拆分为各种组合，并比较各组合之间的差异。

【案例】教科版五年级下册《温度不同的物体相互接触》

绘制凉水温度和热水温度随时间变化的折线图，便于对比温度不同的物体相互接触后各自的温度变化规律。学生根据实验中的数据和折线图，发现试管中冷水和烧杯中热水温度的变化，寻找温度变化的证据，思考温度变化的原因，讨论二者温度最终会怎么样。在研讨交流中，寻找证据，运用比较、分析、概括等方法得出科学的结论。

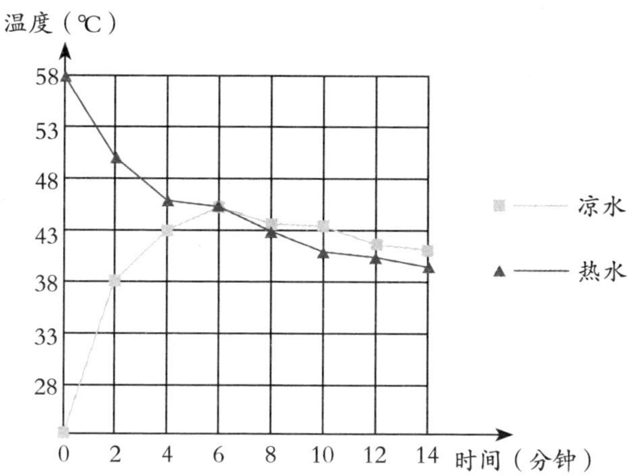

时间（分钟）	凉水温度（℃）	热水温度（℃）
2	38	50
4	43	46
6	45	45
8	44	43
10	43	42
12	42.5	41
14	41.5	40

3. 整体复盘法

该方法主要用于自由格式数据类型，可将不同阶段、不同部分的记录数据组合起来，通过重温全过程或整体情况提高认识、巩固印象；也可以将不同小组的观察记录进行横向比较，确定记录数据的并集、交集，找出有特点的记录，补齐可能存在的短板。

【案例】教科版三年级下册《蚕的一生》

对本单元每一小节的记录进行比较，认识蚕的一生。学生展示交流在整个观察过程中采用的观察记录方法、饲养方法以及长期观察记录的情感体验等。将蚕的生长变化图片按顺序排列出来，既有某一阶段蚕的身体形态的图，又有蚕某些行为的图，意在引领学生梳理蚕生长变化的过程。

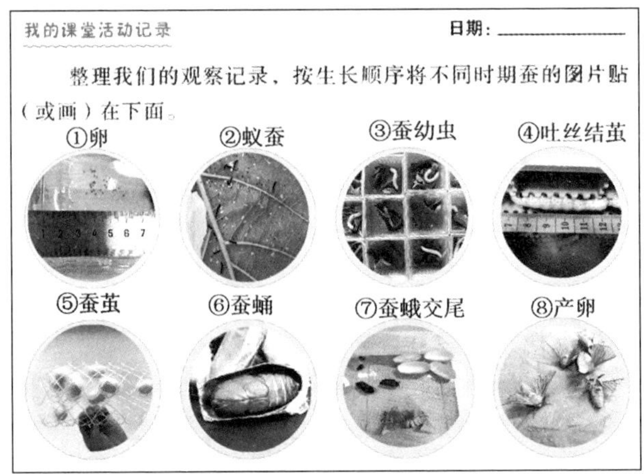
我的课堂活动记录　　日期：________

整理我们的观察记录，按生长顺序将不同时期蚕的图片贴（或画）在下面。

深度学习的概念构建与进阶策略

任何课程的教学，都无法回避概念的教学。概念的教学乃是教学的基础。[①]在教育部制定的《科学课标》中更是明确提出“聚焦核心概念，精选课程内容”。因此，科学教育应该为学生构建一个科学概念的体系。这个概念体系，不能是由零散的破碎的知识搭建而成的，而应该是紧紧围绕着少数几个核心概念展开，不断地拓展和深入。概念体系的搭建不是一蹴而就的，科学课标中写到要“基于学生的认知水平和知识经验，科学安排学习进阶：一是学习内容由浅入深、由表及里、由易到难，二是学习活动从简单到综合。将学习内容和学习活动有机整合，规划适合不同学段的、螺旋上升的课程目标和课程内容，设计适合不同学段的探究和实践活动，形成有序递进的课程结构”。

本节探讨的内容为教学中实现科学概念的构建与进阶提供教学策略。科学概念的构建与进阶是一个动态的过程和结果。为了实现这一结果我们需要围绕

① 丛立新，曾琦. 国内概念教学的研究现状及意义［J］. 教育科学研究，2006（4）：34.

大概念来展开教学和构建概念体系，这称为大概念教学。

一、在深度学习中开展大概念教学策略研究的意义

首先，大概念教学与深度学习具有内在的一致性。深度学习要求学生理解知识的本质，不要只是记忆碎片化的、浅层的知识。而大概念就是一个学科中最核心的，具有统整性的概念，大概念教学正好可以将散乱的知识点整合起来形成概念体系，这就与深度教学的要求不谋而合。

其次，大概念为深度学习提供过程保障。日常生活情境中，学科之间不是割裂的，而是存在着相互联系的。深度学习往往需要整合学科内部和学科之间的知识。教师在设计教学单元和课时时，紧紧围绕大概念这根主干，就能让新的知识有机地生长在其上，而不再是孤立的、破碎的，从而保障深度学习的发生。

最后，大概念教学是深度学习的价值追求。深度学习要求学生能够对所学知识进行迁移，并能灵活地解决实际生活中的问题。知识只有到达概念的层面才能被迁移。因此，大概念教学是价值的体现和必然的追求。①

二、科学课程中概念建构与进阶的研究/应用现状

在经过了半个世纪的研究讨论，教育学界与科学家已经就科学教育的整合与发展达成了共识。所谓整合就需要构建一个科学课程的概念体系，而这一构建过程就是利用大概念的策略将知识内容组织整合起来，再加上科学实践，使学生在实践中理解科学概念。在学生学习与成长的过程中，其认知水平和知识体系是在不断变化成长的，我们需要通过学习进阶的研究提出适合不同阶段的学生认知水平发展的表现期望，使得学生科学素养能随着学习阶段的延伸表现出连贯一致的进阶发展。

科技的进步使得我们的自然科学知识越来越多，这就与学生有限的科学学

① 任虎虎. 指向深度学习的高中物理大概念教学策略：以“牛顿第一定律”教学为例［J］. 物理通报，2020（10）：19-23.

习时间和课程容量形成了矛盾。通过大概念来整合教学内容就是调和这一矛盾的尝试。《科学教育的原则与大概念》一书着重阐述了大概念的内涵及其进阶发展对科学教育的重要意义："……这些核心观念及其进阶过程能帮助学生理解其生活中的事件和现象，并在其结束学业、迈入社会后，持续发生影响。"大概念具有中心性并呈现网格状的结构，可以将本学科的所有概念整合起来。大概念包括共通概念和核心概念。共通概念是涉及科学、数学、技术、工程等多领域的最基本的概念，在科学课标中叫作跨学科概念，如物质与能量、结构与功能。核心概念是某个学科内可以整合所有知识的几个最重要的概念。在科学课标中叫作学科核心概念，如物质的结构与性质。

学习进阶在科学教育领域第一次被提出是用于测评设计，在实践中其重要性得到越来越多的体现。学习进阶是一个动态的过程，它的起点是学生入学时的前概念和推理，终点是期望所有学生在毕业时具备的科学素养，并在从始至终的过程中，描述学生对大概念认识的发展变化。它是一个"提出—实证检验—修改"的反复过程。[①]图4-2-20展示的是一种学习进阶研究的循环流程。

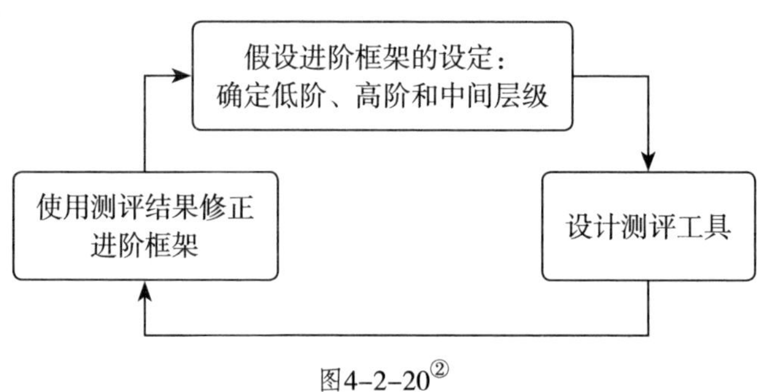

图4-2-20[②]

① 郭玉英，姚建欣，张静. 整合与发展——科学课程中概念体系的建构及其学习进阶［J］. 课程·教材·教法，2013，33（2）：44-49.

② SALINAS I. Learning Progressions in Science Education：Two Approaches for Development［C］. Consortium for Policy Research in Education，2009.

三、核心词汇界定

进阶：对学生在某个时间跨度内学习和探究某主题时，依次进阶、逐级深化的思维方式的描述。

大概念：一个学科中居于核心地位的可以统整本学科知识的少数几个概念。

科学核心概念：核心概念是位于学科中心的概念性知识，包括了重要概念、原理、理论等的基本理解和解释，这些内容能够展现当代学科图景，是学科结构的主干部分。在教育部正式颁布的《科学课标》中，小学科学包含13个学科核心概念。

前概念：个体在没有接受正式的科学概念教育之前对日常生活中所感知的现象通过长期的经验积累与辨别式学习而形成的对事物的非本质的认识。

四、深度学习视域下概念建构的原则

教学若不能打动人，学生的思想、意识、情感就不能活跃，就不可能有作为主体的深度学习。深度学习“深”至触及学生的心灵深处，与人的理性、情感、价值观密切相连；深度学习“深”在系统结构中，“深”在教学规律中。深度学习不仅要“深”下去，还要“远”开来；不仅要实现当前的教学目标，让学生掌握知识、形成技能、发展能力，提升思想水平、精神境界，更要培养能够进入未来社会历史实践的主体。[①]这些都要求我们在建构概念时与学生的心灵相连接，通过恰当的方式激发学生建构的主动性，达到使学生自主建构概念的目的。学生在建构的过程中强调的不仅是具体的概念或概念体系，更是在教师的引导下形成的科学学科思维方法。我们从深度学习出发，建构概念时应遵循以下原则：

1. 基于学科课程标准的要求，立于学科核心概念框架

深度学习理论认为学生的学习不是一般的自学，而是必须在教师的引导和帮助下完成有挑战性的任务。在深度学习的过程中，教师的引导尤为关键。教师往什么方向引导，怎么引导，引导到什么层次，这些问题都需要教师对于概

① 刘月霞，郭华. 深度学习：走向核心素养［M］. 北京：教育科学出版社，2018.

念建构的框架有清楚的认识。学科课程标准为我们明晰核心概念框架提供了依据与帮助，我们在建构概念时应站在核心概念框架的角度去思考。

2022年4月，教育部正式颁布了《科学课标》，明确指出课程理念应该聚焦核心概念，精选课程内容，要求学生在理解科学概念、规律、原理的基础上形成对客观事物的总体认识，形成初步的科学观念。科学课程设置了所有学生在义务教育阶段应该掌握的13个学科核心概念。通过这13个学科核心概念的学习，理解物质与能量、结构与功能、系统与模型、稳定与变化4个跨学科概念。具体科学课程的内容结构如图4–2–21所示。

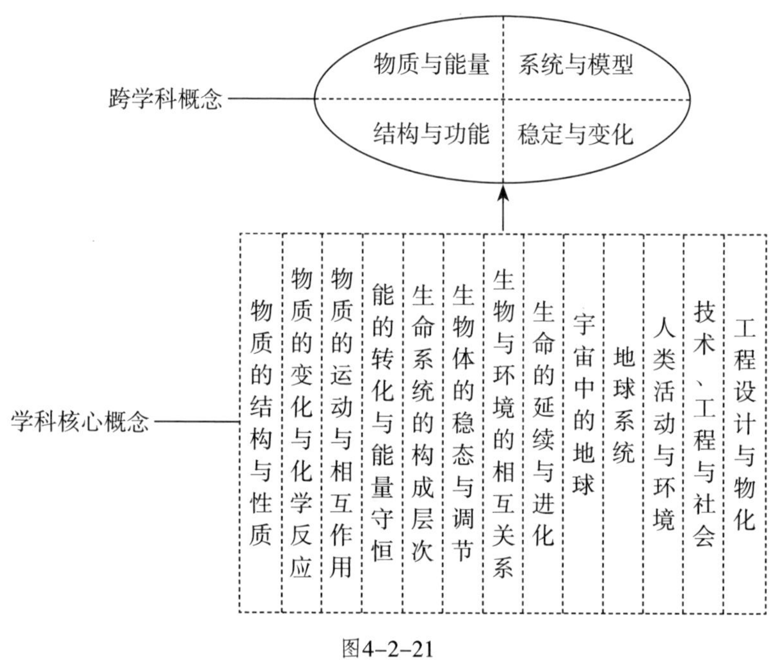

图4–2–21

根据学生的认知水平特点以及学科核心概念的本质特征，每个学期的核心概念被分解成不同学段的若干学习内容。内容由浅入深、由表及里，由现象到本质，呈螺旋式上升的趋势，达到概念建构、进阶的目的。教师帮助学生进行概念建构的前提是自身对于学科概念的整体框架非常熟悉。教师在教学前要梳理清楚教学内容的关系，把握学科概念框架的上下位关系。

《科学课标》第四部分“课程内容”，对小学科学课程按照13个学科核心概念进行阐释，明确不同学段的内容要求和学业要求。我们利用课程标准梳理课堂内容的概念框架，不难发现，其中的概念层次水平关系从低到高分别是具体事实概念→学段内容要求→学习内容（一般概念），其呈现了大概念建构的螺旋式上升结构。我们以五年级下册第5课《食物链和食物网》为例，其概念结构如图4–2–22所示：

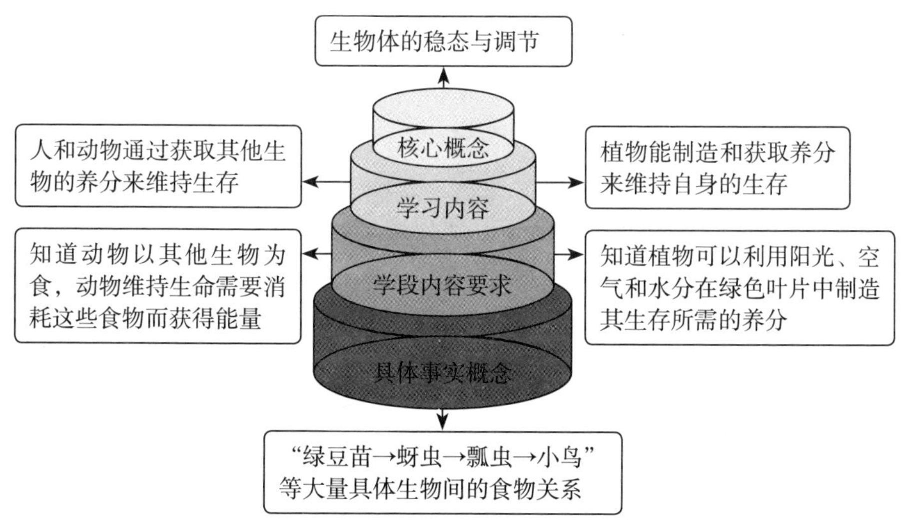

图4–2–22

老师在课前不仅仅要梳理每一课的概念框架，更应该以单元为单位，厘清大概念的建构框架。理解教材的设计，关注知识间的内在关联，促进知识的结构化。若仅以课作为单位，知识会变得破碎，有割裂式的教学倾向，违背学生的认知规律，不利于概念的建构与进阶。

以2017版教科版五年级科学下册第一单元“生物与环境”为例，该单元涉及的核心概念、学习内容以及对应的学段要求见表4–2–4。

表4–2–4

核心概念	学习内容	5～6年级学段内容要求
生命系统的构成层次	生态系统由生物与非生物环境共同组成	举例说出常见的栖息地为生物提供光、空气、水、适宜的温度和食物等基本条件。说出常见动物和植物之间吃与被吃的链状关系
生物体的稳态与调节	植物能制造和获取养分来维持自身的生存	知道植物可以利用阳光、空气和水分在绿色叶片中制造其生存所需的养分

续 表

核心概念	学习内容	5~6年级学段内容要求
生物体的稳态与调节	人和动物通过获取其他生物的养分来维持生存	知道动物以其他生物为食，动物维持生命需要消耗食物而获得能量
生物与环境的相互关系	生物能适应其生存的环境	举例说出动物在气候、食物、空气和水源等环境变化时的行为

学生在本单元通过对三个学科核心概念的学习，共同建构了在生命科学领域的知识框架。

2. 以学生的学前概念为依据

深度学习是建立在学生先前知识基础上的概念改变。为了达到有意义的学习目的，我们不是直接建构新概念，而是要把新概念与学生的前概念形成联系，将新概念整合进原有的知识结构，形成科学合理的概念体系。[①]所以，探清学生的前概念很关键。由于个体经验不同，不同学生的前概念也不同。我们还需要通过一些方法进行探查，后面“概念建构与进阶的具体方法”中会详细阐释。

3. 符合学生的认知规律

深度学习一定是用心的、打动学生的。触及学生心灵的教学，才能促使学生主动学习、主动建构。所以在引导学生建构时，教师要了解学生的认知规律，再选择不同的教学方法。

五、工具介绍

图4–2–23是帮助教师梳理课堂内容概念框架的模板，供参考。

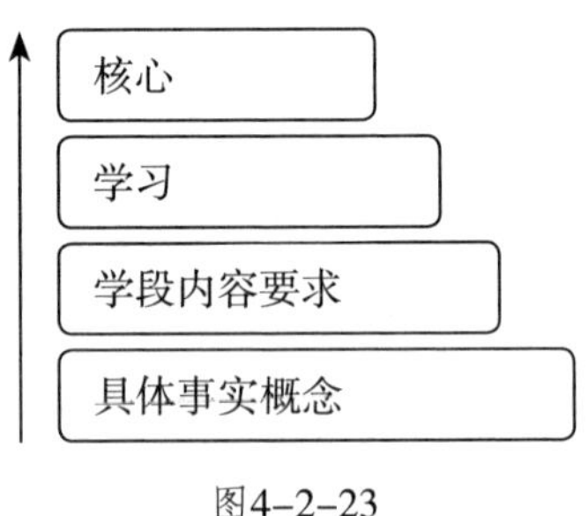

图4–2–23

① 刘月霞，郭华. 深度学习：走向核心素养［M］. 北京：教育科学出版社，2018.

六、概念建构与进阶的具体方法

深度学习强调有意义的学习。要将新知识与已有知识、经验建立起明确的联系，并将新知识整合进原有的知识结构。学生以建构的方式学习结构中的知识，从而通过建构将学习内容本身所具有的关联和结构进行个人化的再关联、再建构，从而形成自己的知识结构，这就是深度学习的特征之一——联想与结构。但深度学习不仅仅停留在这一步，我们需要在建构中通过各种方法使概念得到进阶，对学习对象进行深度加工，把握知识的本质与变式，对知识进行迁移和应用。为了达到在深度学习理念下建构概念的目的，我们提出以下几个方法：

1. 调查学前概念：明确建构与进阶的基础

学生在学习前，基于自身已有的生活经验对科学学习的内容已经有了一定的认知，我们把它称为前概念。我们的教学要基于学生的前概念，清楚了解学生的前概念，找准教学的下脚点。我们要善于利用各种方法，了解学生的前概念。

（1）课前问卷调查

教师设计课程内容相关的问题，在上课前通过问卷调查等方式，让学生作答。教师对学生的回答进行归纳整理，了解学生的前概念，根据情况设计教学活动。这种方法能够大面积收集学生的答案，教师能够了解所有学生的情况。但是，学生作答的耗时较长，可能会使学生随意、不认真作答，使得调查的结果不够准确或者没有参考价值。学生在作答的时候往往只是像做练习题一样，直接说出答案，教师无法知道学生的思考过程，而这些思考过程，却往往是最具有参考价值的。教师可以鼓励学生不仅可以用文字作答，还可以用画图等方式展示他们的思考过程，尤其是低年级的学生，文字表达能力较弱，画图是一种很好的表达方式。

（2）个别谈话

由于课前问卷调查的局限性，我们可以在课前与个别学生谈话，通过谈话，教师与学生可以互动起来，教师可以了解学生思考的过程是怎样的。抛弃纸笔的、面对面的问答方式使学生更乐意与教师分享。教师可以把重要的信息记录下来，如学生有哪些概念是源于什么生活经验形成的，他们对于某些概念的认识是否清晰明确，等等。但这种方式覆盖面没有问卷调查的覆盖面广，教师只能挑选某些学生进行谈话。所以教师在挑选谈话对象时尽量覆盖到各个能力层面的学生，谈话的对象对于调查的结果影响很大。问题的设置和谈话的技巧也很重要，教师要注意在谈话中避免暗示性的言语。暗示性的言语会引导学生做出定向的回答，使作答失真。

（3）课堂提问

课前问卷调查和个别谈话的方法都需要教师在课前花较多的时间去了解学生的情况，若时间较紧或具有丰富的教学经验，教师可以在课堂上直接提问学生。教师根据学生的回答，现场对已设置好的教学活动进行考量，判断是否需要调整以适应学生的情况。这对于教师的教学能力要求较高，不建议教学经验少或能力较差的教师使用。

通过这些方法，我们可以了解大部分学生的前概念，明确建构与进阶的基础，了解“联想”的实际情况，为后续选择不同的教学方法提供依据。

2. 创设情境：激发概念的建构

学生直接接触毫无联系的新问题时思维会短暂闭塞，无法在短时间内和已有的知识经验联系起来，这使得他们无法对问题进行创造性的思考。我们可以结合学生的生活体验，创设真实的生产生活情境，将抽象知识具象化，为学生的学习打开切入点。只有在这种情况下，学生的思维才能更好地发展，其思维外显才有价值。小学科学课程接触的大部分内容是与我们的生活息息相关的，甚至每天都在经历但不以为然的。我们可以通过回忆、重现等方式创设相关的生活情境，还可以在尊重事实的基础上编造情境。

【案例】教科版五年级下册《哪个传热快》

为了唤醒学生脑海里对于传热快慢的认知，我们可以利用视频、图片等重现学生在学校打早餐的场景。

学生A用塑料碗装汤粉，没有特别的事情发生。

学生B用不锈钢饭盒装汤粉，被烫到手，汤粉洒了一地。

引出问题：为什么学生B被烫到手了而学生A没事呢？饭盒的材质与传热快慢有什么关系？

通过重现打早餐的场景，把抽象的“热”的概念具体化，唤醒了学生对“金属传热比塑料快”的经验。把学生个体经验转化为具体事实概念，为后面建构传热方式的概念打下基础，实现深度学习的联想与结构。

我们还可以利用信息技术创设虚拟情境，重现某些难以在短时间内观察或不便于观察的现象，如利用VR、AR技术让学生体会动植物、微生物的繁殖。抛弃传统枯燥的图片及视频的形式，这些直达内心的活动与体验，是深度学习的途径，学生建构的主动性和效率会更高。

3. 制造冲突：促使错误概念的转化

我们不应该忽略学生错误的前概念直接进行正确概念建构，这种建构往往是无效或低效的，会使学生错误的前概念难以转化。与避开相反，我们应该制造与学生原有错误认知的冲突，促使学生提问、思考——为什么和我原来认为的截然不同呢？这种联想与结构才是有效的，这种活动与体验才是强烈的。

【案例】教科版三年级上册《空气能占据空间吗》

部分学生存在错误的前概念“空气不占据空间”。我们通过实验制造冲突。实验一：把一张纸巾揉成团，放在塑料杯底部。把塑料杯口朝下竖直浸入水中。

错误猜测：纸巾湿了。

与认知冲突的现象：纸巾没湿。

引发思考：为什么纸巾没湿？水为什么不能接触杯子底部？

初步猜测：有东西阻碍水位上升。

实验二：在实验一的基础上，在塑料杯底戳一个孔，再把塑料杯口朝下竖直浸入水中。

错误猜测：纸巾没湿。

与认知冲突的现象：纸巾湿了。

引发思考：为什么杯子底部戳了孔后纸巾会湿？水为什么又能接触杯子底部？

初步猜测：阻碍水位上升的是空气，空气占据了杯底的空间。

这两个实验在学生的脑海里激发一系列的认知冲突，使学生积极思考其中的缘由，最后再通过往杯底小孔打气的第三个实验，明确猜想的正误。思维的冲突促使学生反思，把错误的概念转化为科学的概念。错误的概念处理得当，可以为学生概念的建构搭建支架，深度学习则正是使这些与概念有关的个体经验成为学生建构概念的养分。

4. 设计具有挑战性的问题和活动：升华概念

深度学习的内容是有挑战性的人类已有认识成果。有挑战性的问题不是单靠学生伸伸手就能够解决的可以自学的问题，而是需要在老师的引导下才能完成的学习任务。教师需要确定促使学生自觉发展的最近发展区。我们可以通过学前调查，明确学生的最近发展区，再设计具有挑战性的问题和活动。通过这些具有挑战性的学习任务，帮助学生升华概念，完成概念的进阶。

【案例】教科版四年级下册《种子的传播》

学生可以很容易掌握常见的种子及其传播方式，如蒲公英靠风传播、葡萄靠动物传播、莲蓬靠水传播等，但是很少学生认真思考决定种子传播方式的因素是什么。在这种情况下学生遇到不常见、不认识的种子便无法判断其传播方式。

我们可以通过追问的方式，促发学生思考其中的关联。具体问题设置如下：

① 蒲公英的种子有什么特点？它可以依靠水力传播吗？为什么？

② 椰子的种子有什么特点？它可以依靠风力传播吗？为什么？

③ 种子的外形结构特点与其传播方式有什么关系？

层层递进的问题设置，引导学生积极思考，将储备的事实概念升华，形成一般规律。这体现了深度学习本质与变式的特征，帮助学生把握知识的本质从而实现迁移，学生把握了本质便能举一反三。

深度学习的板书设计策略

在教学中，板书是实现学生思维外显的重要途径，而基于深度学习的板书和平常的板书又有何不同？在设计板书的时候我们可以遵循哪些原则、使用什么策略更好地开展深度学习呢？本节将从深度学习视域下的板书设计特点、原则、策略及例子，展开对基于深度学习的板书设计的介绍。

一、基于深度学习的板书设计有何特点

1. 板书是实现思维外显的重要途径

深度学习是学生发展核心素养的重要途径，而发展核心素养就需要学生在复杂多变的情境中用已有的知识与经验去解决新的问题。[①]在学生思路的建构过程中，需要关注学生的学习过程、思路的形成过程，让学习过程中内隐的思维显性化。因此，基于深度学习的板书应是能够反映学生学习思路形成过程的板书；是能够让学生从一堂课的板书中回溯教学过程、实现自主学习的板书；是能够帮助学生厘清解决问题的思路、让他们在遇到新问题时能举一反三的板书。

例如，在实际教学中，不少教师一堂课下来的板书仅有课题、几个关键词以及最终实验的结论，板书的内容不能展现学生的思路形成过程，学生再次看板书时，对本课的学习过程的回顾是零散的、碎片化的、没有逻辑的，难以重新建立从问题到结果的途径，也就不利于他们在遇到新问题时迅速、灵活、举一反三地解决问题。而若此时，利用思维导图的形式，从中心问题出发，从不同角度思考问题，再展现从各个角度解决问题的过程和结果。这个板书会印在学生脑海中，等他们再次遇到问题时，能够快速地厘清解决问题的思路。

2. 板书是教师为主导，学生为主体的体现

深度学习的教学应是教师、学生、知识紧密联系在一起共同实现学生的全面发展的过程，是培养学生关键能力、必备品格和正确价值观的过程。[②]而基于深度学习的板书设计是课堂教学的重要组成部分，它是沟通教育者、学习者和教材编写者的“桥梁”。建立“桥梁”的过程必有教师的引导和帮助，它是教师充分发挥主导作用的活动，应能反映教师对学科知识体系结构的理解、对

① 刘月霞，郭华. 深度学习：走向核心素养［M］. 北京：教育科学出版社，2018.

② 同①。

教学活动的规划。活动与体验是深度学习的核心特征，指的是以学生为主体的主动活动以及在活动中发生的内心体验。在教师发挥主导作用的板书过程中，应更多地让学生亲身经历知识发生的过程，参与到板书形成的过程中。深度学习的板书是理智与情感共存、有思想、有温度的板书，而非教师一厢情愿地用冷冰冰的文字与图片进行堆砌。

例如，班级记录表的板书方式，能很好地为教师任务设计、学生参与板书完成的活动服务。全班参与板书的完成，这样的板书是鲜活灵动的，有每一位学生的温度，记录着教师的理解、学生的体验、知识的生成过程，兼顾了学习的难度与兴趣的问题。从这个角度理解板书的含义，板书不仅仅是一种“设计”还是一种“活动”。深度学习的板书，是学习过程中活动的一部分。

3. 板书帮助学生把握事物内在联系与本质

布鲁纳说：“掌握事物的结构，就是以允许许多别的东西与它有意义地联系起来的方式去理解它。简单地说，学习结构就是学习事物是怎样相互关联的。”[①]建立事物之间的联系，就是在学生的已有经验与新知识之间建立联系，从而使学生与新知识建立意义关联。而基于深度学习的板书设计，是让学生实现经验与知识的相互转化；对学习对象进行深度加工的板书，能够帮助学生把握事物内在联系与本质。这就要求教师在设计板书的时候，了解学生前概念、最近发展区，知道学生目前了解什么、能做什么、对什么感兴趣、会用什么方法解决问题，从而明白本课的学习应该做什么、做到什么程度才能引发学生的深度学习，才能更好地帮助学生完成经验与知识的相互转化，把握事物内在联系与本质。

例如，前概念调查表的使用，就能有效帮助教师在进入教学之前了解学生对什么问题感兴趣、对某个问题的理解和经验，而这些经验不一定是正确的。教师充分理解后，能将他们的经验融入教学，让学生的知识得以提升、结构化。

① 布鲁纳. 教育过程［M］. 上海师范大学外国教育研究室，译. 上海：上海人民出版社，1973.

二、板书设计应用现状

1. 不重视板书，板书形式单一

教师未能意识到板书对于课堂的重要性，未能重视板书设计所导致的板书形式单一、缺乏创新性是教学中板书设计的主要问题。在统计一线教学的情况中，多数教师一节课只采用一种提纲式的板书设计，让学生审美疲劳、失去兴趣，甚至认为板书可有可无，板书也就无法发挥其意义价值。多媒体时代的到来，有些教师更是整节课对着课件侃侃而谈，认为课件也足够给学生以视觉冲击，或者自己随心所欲，想到什么写什么，这样往往让学生在一堂课上完之后如“水过鸭背”，知识在大脑里面不留痕迹，无法抓住课堂的重点。

2. 板书忽视学生的参与积极性

上述是教师不重视板书，板书形式单一的问题，相反，有的教师花了很多心思在板书设计上，呈现的整体板书精美，让人眼前一亮，但课后发现学生对板书内容却没有很深刻的印象。通过对教师课堂的观察可以发现，这样的课堂，教师在板书的时候，往往是自顾自地跟随自己思路完善板书，学生在板书的完成中是作为旁观者的角色，并未实际参与其中，也就是教师在板书的时候忽视了学生参与的积极性。未能让学生成为学习的主体参与到课堂的活动当中，也就无法实现真正的深度学习。

3. 板书设计缺乏方式方法

不少教师意识到板书的重要性，在备课的时候也着意去设计板书，知道板书要兼顾美观、主次、形式，但却心存疑虑，不知这样的设计是否满足学生学习的要求，达到深度学习的目的，也就是在板书设计时缺乏方式方法，不知道什么情况运用哪一种板书的策略。王松泉在《语文教学法中一门新的学科——“板书学”浅论》中说过：“板书设计要书之有效，就得书之有方。”[①]若能在板书设计时，遵循一定的原则，使用有效的方法，做到心中有数，那么教师在备课的时候就可以更加有效率，板书才会在课堂中发挥其原有作用。

① 王松泉. 语文教学法中一门新的学科：“板书学”浅论［J］. 语文教学专刊（娄底师专学报），1984（1）：9-26.

三、核心词汇界定

板书设计：板书设计是指在课堂教学中，教师依据教学目标体系，从学生出发，基于个人的认知结构对教材及相关资料进行归纳概括、重新编码组合后，按一定的既定流程指导学生学习并最终完整呈现的整个过程。①

而本文所指的板书设计不局限于传统的黑板呈现的文字图片，更包括了多媒体平台所展现的过程，如使用交互式白板对学生的想法进行归纳和呈现。

前概念调查：前概念是指依赖于日常生活中直接观察到的事物的外部特征而形成的概念。个体在日常生活经验积累的基础上形成的概念受限于个人的知识经验，这样掌握的概念可能是很牢固的，通常不能体现事物的本质属性。

对学生的前概念调查，指的是以提问、问卷、日常交谈等方式了解学生的前概念；学生对前概念的呈现方式也是多样的，可以是画图、文字、交谈等。

思维图示：用图形来表示探索与发现事物的内部本质联系和规律的过程。

班级记录表：教师根据课程内容精心设计的可用来记录班级成员想法、数据、实验过程等的表格。

四、深度学习视域下板书设计策略的原则

板书设计应当遵循学科性、实用性、直观性、灵活性、艺术性等基本原则，而深度学习视域下的板书设计应当在基础原则之上提出更高层次的要求。经过工作室教师的实践及理论研究，现提出深度学习下板书设计策略的四个原则。

1. 直观性原则

学习过程中思维的外显是实现深度学习的关键，要求教师关注学生思路方法的形成过程。深度学习的板书，更应是能给学生直观感受的、直观展现学生思维过程的板书。学生在看到板书的时候能立即回顾整堂课的思路脉络和内容。教师在板书的时候，也应做到精练、鲜明、一目了然。

---

① 陈玉华. 现代教育技术背景下板书设计的现状调查及策略研究［D］. 上海：上海师范大学，2016.

2. 趣味性与实用性相结合原则

学生在面对复杂的真实问题的时候，能够较快地选择合适的思路、迅速地整合资源来解决问题，是深度学习的追求。因此板书设计一定要具备实用性，即学生看到板书能切实获取知识，切忌华而不实。板书在有满满的“干货”的同时，也应兼具趣味性，帮助学生更轻松地学习知识，通过形式的多样化、知识内容与学习任务之间的转化，实现板书趣味性与实用性的结合。

3. 启发性与互动性相结合原则

深度学习要解决的问题是：在有难度、有挑战的学习任务面前，如何让学生感到自己是活动的主体，能够独立操作这些内容，发生积极主动的学习互动。①这就要求教师适时出场，确定学生的最近发展区，知道学生已达到以及待达到的水平，在板书的时候，通过留白的方式给予学生更多的思考空间，帮助学生真正成为教学的主体，引导学生通过操作教学材料展开深度学习，在板书设计这部分，教学材料即能自主操作又能帮助学生获得发展的板书。

4. 计划性与灵活性相结合原则

深度学习应是教师发挥主导地位的学习，因此教师对所授课程的板书应了然于胸，对知识脉络架构应当清晰明了，板书也应在备课的时候设计好，即板书应具备计划性。而深度学习的课堂是以学生为主体的课堂，学生的互动、活动的参与，会让课堂在教师的计划内发生动态的变化，板书自然也不会一成不变，而会有随堂生成的部分，体现着板书的灵活性。

五、基于深度学习的板书策略具体方法

板书设计不拘一格，依不同的课型与情境选择不同的板书形式，其目的是提高学生的核心素养，促进科学思维的形成。针对基于深度学习板书的特点，为了实现学生的思维外显、教师为主导、学生为主体的学习，帮助学生把握事物内在联系与本质，通过工作室教师对深度学习的研究和实践，总结出几种有利于实现学生深度学习的板书设计形式。

---

① 刘月霞，郭华. 深度学习：走向核心素养［M］. 北京：教育科学出版社，2018.

（一）经验的唤醒与提升：前概念调查表

1. 大单元的前概念调查

深度学习是结构化、情境化的学习，而单元学习是知识结构化的重要体现。在单元学习前，学生对本单元提出感兴趣的问题并进行初次回答，教师在黑板上帮助记录，也可用一张大的白纸记录。深度学习中，联想与结构处理的是人类认识成果与学生个体经验的互相转化，而通过对学生前概念的调查与记录，每一课的学习结束后，让学生对原本问题进行思考和修正答案，再进行记录，可让学生的思维外显。从前概念调查表中，我们可以看到学生在教学之前的经验，以及经过教师的帮助加以唤醒改造，使经验进入新的结构提升的过程。

【案例】教科版三年级下册《太阳、地球和月球》

单元导读课中，教师在课堂第一个环节中请每位同学提出与本单元教学相关的一个可以探究的科学问题，进行小组讨论，并形成答案，写在小组的卡纸内，粘贴在黑板上。在接下来的学习中，围绕学生提出的问题展开讨论和教学，以学生为主体开展主动活动，让学生在活动中生发内心体验。

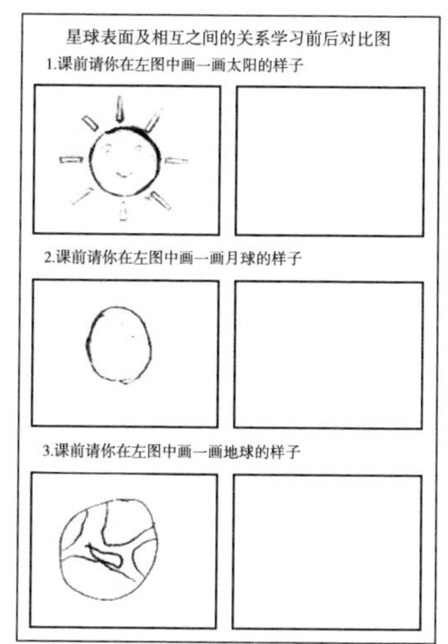

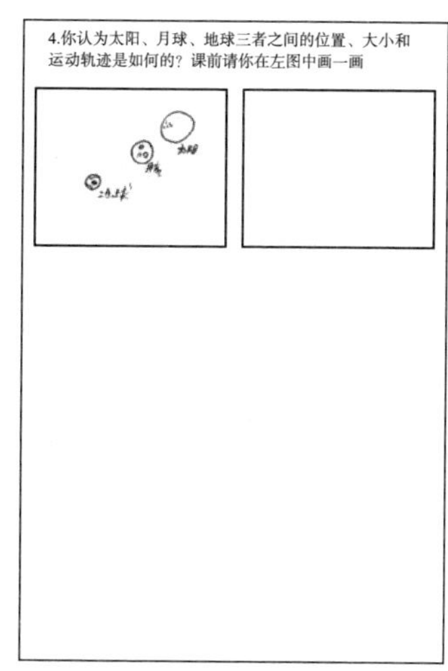

2. 知识点的前概念调查

除了在单元导读课中发挥建构知识结构的重要作用外，前概念调查表也适用单元中新授课的教学。在学生进入新的科学概念的深度学习前，教师可将学生小组已有的前概念记录在黑板上，或者以小组讨论形成观点的形式，展示给全班学生。在深度学习过程中，小组交流并修正易产生混淆以及错误的概念。这样一来，全班学生都主动参与到记录概念变化的活动中，完成了对新概念的同化和顺应。

【案例】教科版六年级上册《做框架》

在聚焦环节，教师可以设计与做框架相关问题的调查问卷，让每一位学生使用平板电脑根据自己的经验做出回答，通过云互动平台汇总并统计学生的答案，显示在互动白板上。这样的前概念调查板书，可以形成师生之间、生生之间的多向交流，关注到每一位学生，更好地帮助学生实现经验的唤醒与提升。

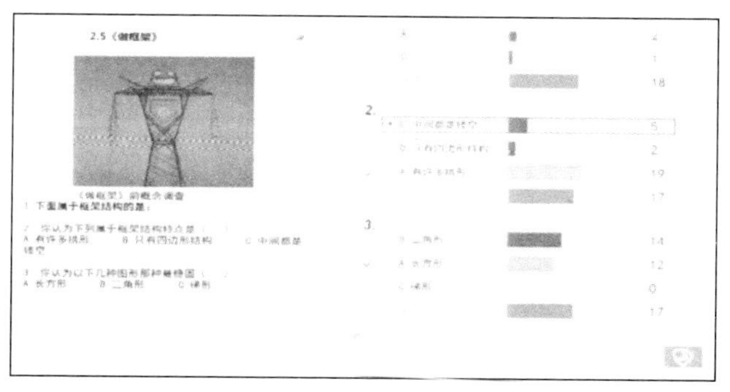

使用小贴士：前概念调查表适用于单元导读课及新授课前对学生的前概念调查。步骤：①教师厘清单元和新授课整体框架与核心问题。②帮助学生记录问题与答案。③在前概念调查表中预留可让学生修正答案的位置。④在每节课授课前后，记得让学生再次思考调查表的问题。

（二）思维的外显与整合：思维图示

1. 思维导图

思维导图是运用图文并重的技巧，将各级主题的关系用相互隶属与相关的层级表现出来，将主题关键词与图像、颜色、线条、符号等建立记忆链接，将形象思维与逻辑思维结合起来，最大限度地发挥大脑潜能，使复杂的逻辑思维可视化，使隐性思维显性化。在用思维导图板书的过程中，可以看到从中心主题向外发散思考的过程，有利于帮助学生把握知识的内在联系与本质，思维导图的呈现也让学生对本课的学习更具结构性和整体性。

【案例】粤教粤科版四年级上册《灯泡不亮了》

以“灯泡不亮了”核心问题出发，延伸出“不亮的原因”“解决方法”“检测工具”等分支问题。灯泡不亮有多种可能性，检测方式也是多样的，在师生不断地猜想、讨论、实验、总结的过程中，用思维导图记录下来，让问题对应的解决方式一目了然，学生也会在活动的体验中找到最简便的检测方式——电路检测器。

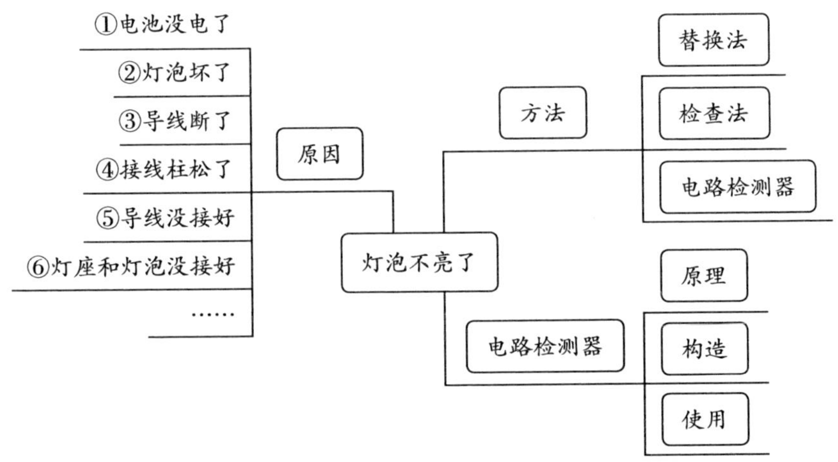

使用小贴士：思维导图板书适用于围绕核心问题，需要分步骤或运用多种

方式解决问题的情况。步骤：①教师厘清本课的核心问题与各个分支问题；②设计布局板书；③在活动互动中让学生提出核心问题，完善分支，形成板书。

2. 气泡图

气泡图，主要用于描述事物的各个特征，或对事物的相关内容进行补充，以便于我们全面认知和了解中心关键词的事物特征或相关拓展。例如，在拓展的教学情境中，气泡图的绘制是可视化呈现事物相关拓展的思维过程，它能促进学生对新知识进行同化和顺应，促进学生深度思考，促进意义学习。

【案例】教科版五年级下册《我们面临的环境问题》

教师以气泡图的方式列举了大气污染、水资源短缺与水污染、固体废弃物污染三个环境问题。中心圆圈填写环境问题的种类，二级圆圈填写这一环境问题的表现，三级圆圈填写这一环境问题的影响。气泡图利于分析环境问题的表现及其产生的影响，也可以列举其他环境问题。在这一教学活动中，教师可以先将三个气泡图展示在黑板上，再请学生分小组整理并分析环境问题的表现及其产生的影响，整理完成后，请学生小组上台补充气泡图，向全班同学展示并分享观点。

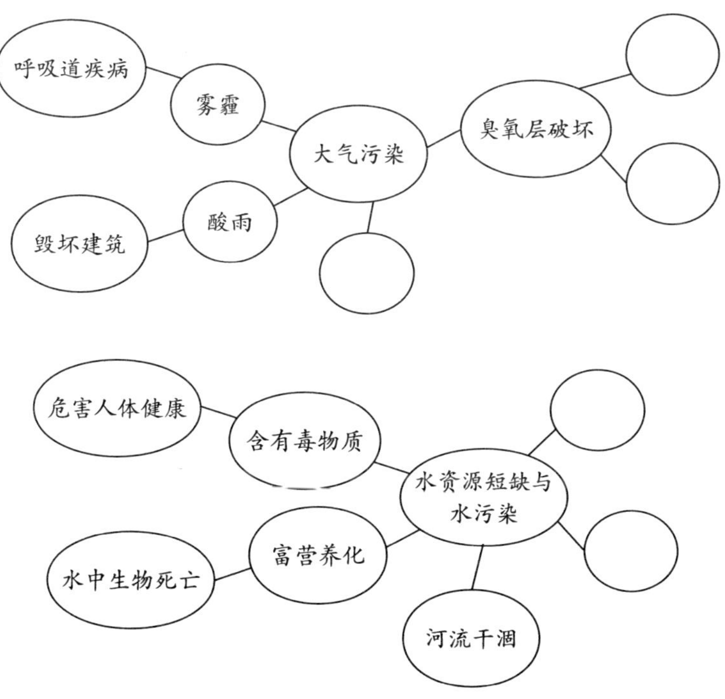

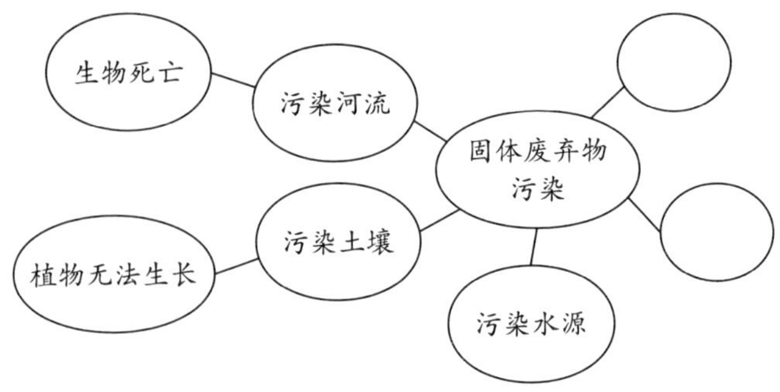

使用小贴士：气泡图适用的教学场景有很多，如描述、拓展、概念讲解、加深认知等。以拓展式板书为例，步骤：①确定关键问题，填入中心圆圈；②确定关键问题的分支，填入二级圆圈，以此类推。

3. 韦恩图

韦恩图又称温氏图、文氏图、范氏图，它由两个互相部分重合的圆组成，每一个圆代表一个特定的概念。概念之间的共同特征或相似点写在两个圆重叠的区域里，独有的特征或不同点写在相应圆中重叠区域外的部分。在科学教学中，学生对冗长的复杂概念有惧怕的心理，如果教师能恰当运用韦恩图，将繁杂的概念浓缩，能在很大程度上减少学生的记忆负担和心理压力。

【案例】教科版五年级上册《地球的表面》

学生常常会将丘陵和山地两种地形混淆：丘陵是海拔500米以下、高低起伏、坡度较缓、山顶浑圆的地形；山地是海拔500米以上、起伏很大、坡度陡峭、山顶尖的地形。仅仅依靠文字表述，学生很难分辨两种地形的异同，此时如果教师采用韦恩图进行板书，能够帮助学生构建良好的知识结构，使学生理解山地和丘陵这两个概念之间的关系，帮助学生将所学的概念组织成相互联系、层次分明、图文结合的知识网络，促进学生深度学习，而不是将山地、丘陵这两个抽象的概念死记硬背。

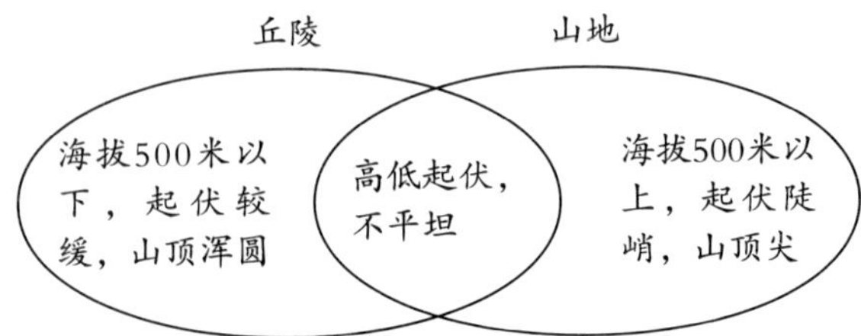

使用小贴士：韦恩图兼具抽象与形象的双重性质，能恰到好处地体现数形结合的思想。借助韦恩图的数形结合优势，小学科学中的许多概念、关系都变得直观、清晰。步骤：①画两个部分重合的圆。②在每个圆的上方注明它代表的事物。③将独有的特征写在两个圆重叠的区域以外，共同特征则写在重叠区域内。

（三）学习过程深度互动：班级记录表

实现深度学习的显著标志，是学生能够将学到的知识、技能、方法运用到真实世界的问题解决之中，以及学生表现出主动探索未知世界的好奇心和求知欲。[①]班级记录表是把小组实验结果进行全班汇总时使用的板书。班级记录表往往经过教师的巧思设计，各个小组完成实验后把结果以图或文字的形式填写，最终能在班级记录表中看到各个小组的结果，对有差异的结果进行分析，同时能直观地得出实验结论。班级记录表根据实验记录的需要可有多种多样的形式，可以是表格、图画、地图等形式。

在使用班级记录表的过程中，教师可设计有挑战性的学习任务，促进学生与任务的深度互动；在教师指导学生完成任务时，增加了学生与教师的深度互动；班级记录表会因为各个小组出现相同或不同的实验结果，引发学生的思维冲突，而在教师组织学生交流讨论的过程中，增加了学生之间的深度互动。班级记录表可起到促进探究过程的互动、探究结果的归纳以及科学概念的形成的作用。

1. 探究过程的互动

【案例】教科版四年级下册《导体与绝缘体》

教师设计富有挑战性的活动，并运用班级记录表把需要检测的物品列出，学生可根据表格顺序有条理地逐样物品进行测试，各组学生把他们的实验结果记录到表格中。板书活动具有互动性，将学生带入学习情境，激发他们的探索热情，促进了学生与任务的深度互动。在班级记录表中，各个小组的实验结果的异同能够清晰地展现，如“盆栽里的植物”这一种物品出现了实验结果的

① 刘月霞，郭华. 深度学习：走向核心素养［M］. 北京：教育科学出版社，2018.

不同，引发学生的思维冲突，教师随即组织学生研讨交流分析他们的探究过程，在各个小组对探究过程的互动中找到可能出现实验结果差异的原因，该过程很好地锻炼了学生学会倾听、开放性思考的能力，促进了学生之间的深度互动。

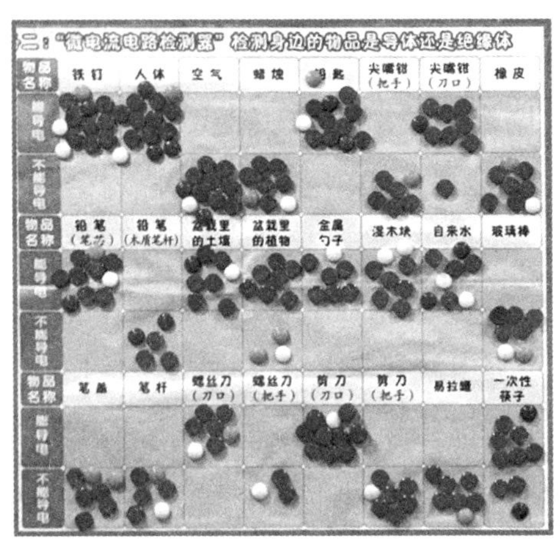

2. 探究结果的归纳

【案例】教科版四年级下册《各种各样的花》

探索活动需要观察花的雄蕊和雌蕊，并比较不同植物的花的相同点和不同点。可使用班级记录表让学生探究各组的花是否都有花萼、花瓣、雄蕊、雌蕊，在有的结构下贴上红点，汇总后，学生可通过班级记录表发现，有的花有四部分，有的花则没有；有的花既有雄蕊又有雌蕊，有的花则只有其中一种。从而归纳出完全花和不完全花，单性花和两性花的概念。

3. 科学概念的构建

【案例】教科版四年级下册《导体与绝缘体》

“导体”与“绝缘体”是重要的科学概念，而在学习本课之前，学生对这两个科学概念的理解并不充分，对于具体哪些物品是导体和绝缘体并不清晰。对班级记录表的结果进行归纳后，把导体和绝缘体的物品对应呈现在板书当中，有利于学生把探究过程与实验结果联系起来，帮助学生构建科学概念。

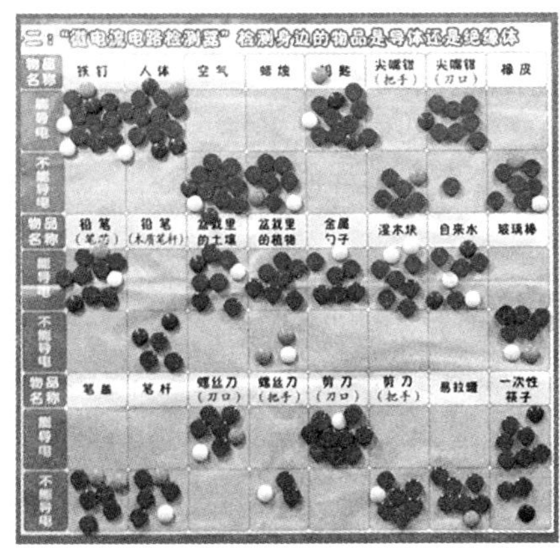

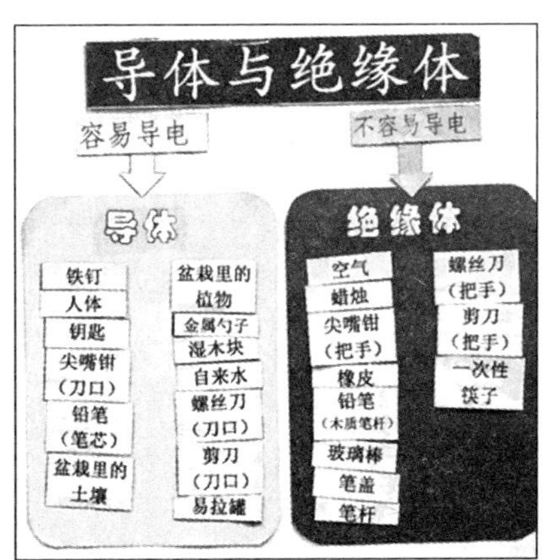

4. 实验数据的可视化

【案例】教科版四年级上册《运动与摩擦力》

罗燕老师在运动与摩擦力一课当中，让学生把接触面粗糙和光滑时的摩擦力大小、物体轻和重时摩擦力的大小的实验数据用纸条的高度表示，汇总到班级记录表中，把实验的数据转化为直观的条形图，让班级数据可视化。在全班的实验数据中，通过条形的高度清晰明了地看出接触面光滑与粗糙、物体轻和重时摩擦力的大小对比，从而得出结论。

使用小贴士：班级记录表适用于对全班各小组实验数据进行汇总的情况。步骤：①教师厘清本课重难点。②设计适于全班记录且直观的记录表、学生汇报数据的形式。③指导学生填写班级记录表并根据班级记录表分析数据得出结论。

六、基于深度学习的板书设计例子

1. 教科版六年级下册《校园生物大搜索》板书

设计者：关祖仪

课程介绍：本单元所关注的是生物的多样性即生物的多种多样。本单元共7课，本节课是第1节，教学目的就是通过搜查，记录统计校园中的动植物种类，让学生从生物种类的角度感受校园生物的多种多样，初步构建生物多样性的认识。让学生依循生物学家调查研究地球生物的方法做调查，强调分区域调查和分类调查，旨在发展学生运用分类方法研究繁杂事物或现象的意识。

学习目标：

（1）科学知识目标

·了解我们周围生活的生物是多种多样的。

（2）科学探究目标

·初步掌握分类、分区域调查的方法。

·利用形色App对生物进行识别。

·采用项目式学习驱动学生的学习兴趣。

（3）科学态度目标

·获得亲近自然的情感体验，产生探究动植物的浓厚乐趣。

·体会到用心观察会有许多新的发现，发展科学学习的乐趣。

·提高合作意识和自主探究能力。

（4）科学、技术、社会与环境目标

能够通过科学的探究活动，解决生活中的实际问题，体会科学与生活之间的联系。

板书展示：

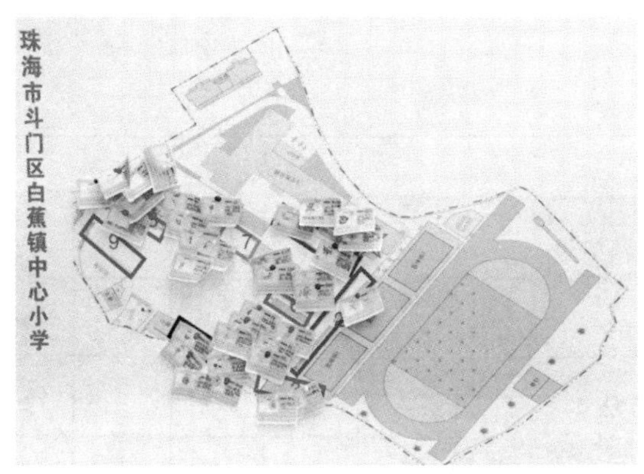

板书设计分析：

板书采用地图式班级记录表的方式呈现，学生实地调查后，小组汇总调查结果，填写生物卡片，并粘贴到校园地图相应的位置，凸显分区域调查的特点。板书整体展现了校园生物的多样性，一目了然，让学生的感受更为直观。

2. 教科版六年级上册《电和磁》板书

设计者：吴晓丹

课程介绍：电流可以产生磁性，通过通电导线和通电线圈使指南针偏转的实验，得出通电导线、通电线圈与指南针偏转的关系。

学习目标：

（1）科学概念目标

· 电流可以产生磁性。

· 初步感知电流越强、线圈越多，磁性越大，线圈可以检测到微弱的电流。

（2）科学探究目标

· 做通电直导线和通电线圈使指南针偏转的实验，能够通过合理的推理、重复的实验，寻找证据，集体的论证，建立解释，找到事物之间的关联。

（3）科学态度目标

· 提高实证意识，增强理性思维品质，对电和磁之间产生的现象表现出探究兴趣。

· 意识到科学探究活动中留意观察、善于思考的重要性。

（4）科学、技术、社会与环境目标

· 体验科学史上发现电产生磁的过程，了解重大科学发现的价值所在。

板书展示：

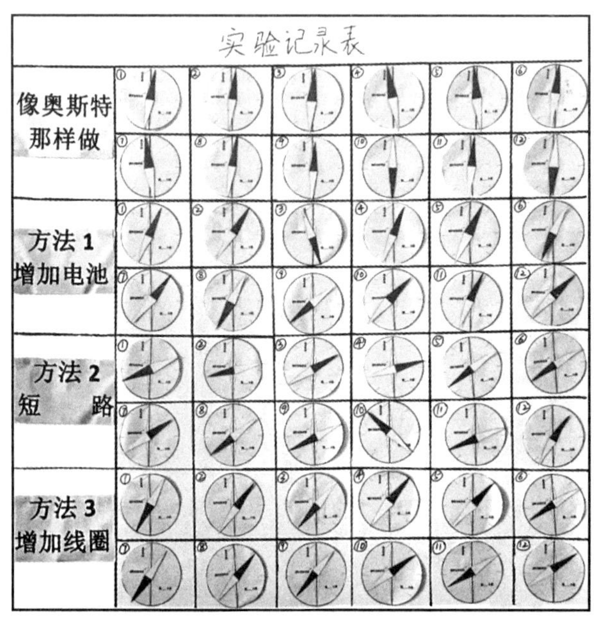

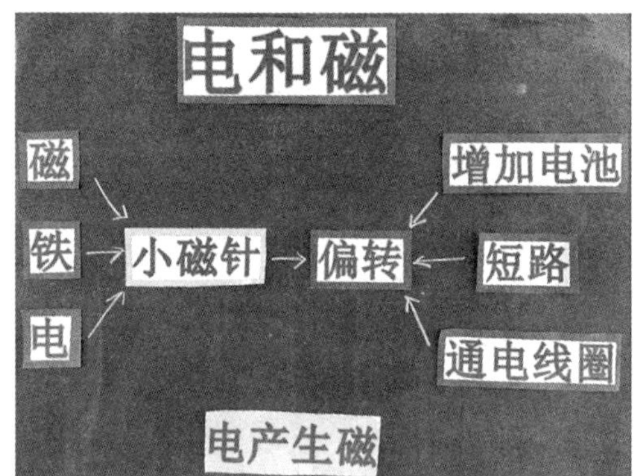

板书设计分析：

本课板书采用了班级记录表与思维导图结合的形式，使用班级记录表汇总实验结果，各小组把指南针偏转的结果贴到记录表中，可直观地看到每个小组磁针发生偏转的情况。整节课的思路使用思维箭头图的方式呈现，辅助学生唤醒原有知识，让学生看到由实验现象得出结论的思维过程，促成新旧概念的相互联系。

3. 教科版五年级下册《比较种子发芽实验》板书

设计者：方曦璐

课程介绍：通过实验知道土壤和阳光不是绿豆种子发芽的必要条件，绿豆种子发芽需要水、空气和适宜的温度。

学习目标：

（1）科学概念目标

· 绿豆种子发芽需要水、空气和适宜的温度。

（2）科学探究目标

· 能够收集、整理、分析数据，得出科学的结论。

（3）科学态度目标

· 在进行多人合作时，愿意沟通交流，综合考虑组员意见，形成集体的观点。

（4）科学、技术、社会与环境目标

· 认识到植物要依赖环境生存。

板书展示：

绿豆种子发芽是否需要________的实验班级记录表

	组号	种子总数	已发芽数	未发芽数
有________	（　　）号小组			
	（　　）号小组			
	（　　）号小组			
	……			
	总计			
无________	（　　）号小组			
	（　　）号小组			
	（　　）号小组			
	……			
	总计			
我们的解释				

板书设计分析：

本板书采用表格式班级记录表的形式呈现，在前一节课中，学生已经进行过对种子在不同条件下萌发状况的对比观察，因此本课一开始，就要引导学生关注自己的实验结果及他人的实验结果，营造集体论证研讨氛围。在探索活动中，教师要组织学生逐组汇报他们的实验过程和记录，教师可以在课前准备多张针对不同实验的大张班级记录表格，每一张记录表记录一个实验的数据。最后，当汇报结束的时候，教师将多张记录表一起呈现在黑板上，这有助于学生分析实验数据并发现“绿豆种子发芽所需要的条件”。

4. 教科版五年级下册《设计和设计生态瓶》板书

设计者：方曦璐

课程介绍：理解生态瓶中生物与环境之间的关系，建构生态系统的概念，并论述生态瓶的设计理由，完善设计图，制作生态瓶。

学习目标：

（1）科学概念目标

· 群落里的各种生物与环境中的非生物相互联系、相互影响，构成一个整体，叫作生态系统。

· 生态瓶中生物的种类和数量要平衡，生物才能和谐共存。

（2）科学探究目标

· 能观察池塘里的生物环境图片资料，分析其中的生物和非生物因素。

· 能根据设计方案及实际条件制作生态瓶。

（3）科学态度目标

· 表现出探究生态瓶奥秘的兴趣，能听取合理意见、共同协作制作生态瓶。

（4）科学、技术、社会与环境目标

· 认识到动植物与环境相互影响和相互依存的关系。

板书展示：

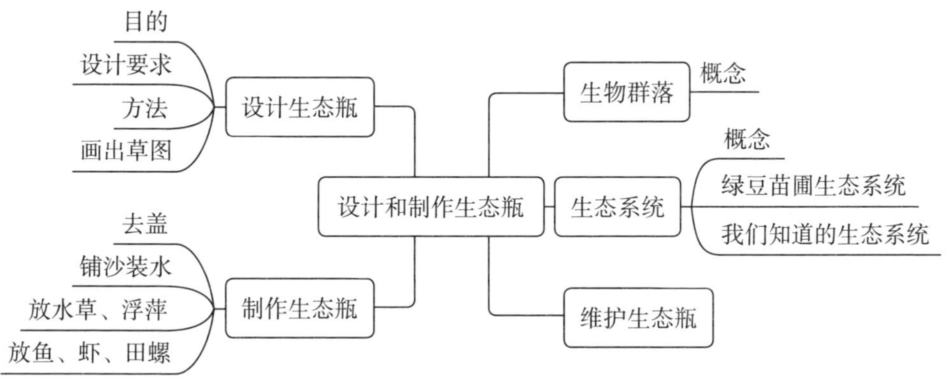

板书设计分析：

本课板书采用了班级记录表与思维导图结合的形式。教师先引导学生探讨生物间的依存关系，帮助学生建构“生物群落”和“生态系统”的概念，起到聚焦的作用。接着借助班级记录表引导学生基于自身对生态系统的认识来说一说“我们知道的生态系统”，补充思维导图。紧接着提出设计其中一种生态瓶的任务，让学生在明确设计生态瓶要求的前提下采用图文结合的方式记录自己的设计，借助思维导图不断调整和完善设计草图。最后，教师再以视频的方式介绍生态瓶的制作流程，帮助学生完成生态瓶的制作。这节课的设计和制作过程不仅是学生进行单元学习回顾的过程，也是学生完成概念整合的过程。

5. 教科版五年级下册《做框架》板书

设计者：曾晓华

课程介绍：框架结构在生活中常见的原因是能用较少的材料建构巨大的物体，支撑出很大的空间，给我们的生活带来了许多便利。虽然框架结构随处可见，但是同学们并不知道它就是框架结构以及框架结构都有三角形的原因是什么。本课通过探究实验让学生知道三角形框架具有稳定性，利用三角形可以构建稳固的框架结构。

学习目标：

（1）科学概念目标

· 三角形框架具有稳定性，利用三角形框架可以建造稳固的框架结构。

（2）科学探究目标

·用创建三角形来加固框架结构。

·设计、制作一个可以支撑重物的立体框架结构。

（3）科学态度目标

·体验动脑、动手合作的必要，通过框架建造获得成功的喜悦感。

（4）科学、技术、社会与环境目标

·体验动脑、动手合作的乐趣，通过框架建造获得成功的喜悦感。

板书展示：

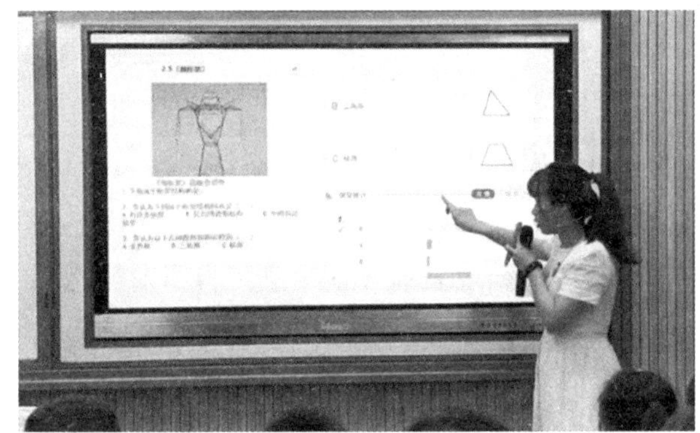

板书设计分析：

知识只能由学生依据自身的知识和经验主动地加以建构。前科学概念（学习者先前的知识、经验及思维方式）对学生的许多科学活动，如观察、理解、应用知识及解决问题等都产生重要影响，因而前科学概念的调研在教学活动中非常重要。要了解学生的知识、经验状况以及思维习惯，尤其要了解学生已有概念中那些不全面甚至错误的概念。本课板书采用了前概念调查的板书策略，教师在课前先让学生在平板上完成前概念调查问题，教师在互动白板上显示全班的回答结果，可以清楚了解学生的知识经验。

深度学习的教学评价策略

教学评价是对教师的教学过程、教学结果以及学生的学习过程、学习结果进行综合性评价的一种教学活动，对课堂教学有着不可忽视的作用，是值得每一位教师去分析和研究的。而在深度学习的教学实践中，教师应关注的不仅是学生课堂中的评价还有课堂后的评价，特别是一个阶段的阶段性评价。同时，教师不仅应关注教学评价，更要以学生为中心，引导学生在课堂中开展自评与互评，并将评价环节作为课堂教学的重要环节，引导学生自我评估、自我评价、自我调整，从而成为具有自我监控能力的学习者。因此，从学生的长远发展考虑，提倡教学采用多样化的学习评价方式，即不仅关注终结性评价，也要重视过程性、表现性评价，实现评价的多元化。

一、在深度学习中开展教学评价策略研究的意义

1. 教学评价是深度学习教学决策的基础

在实际的教学过程中，教学活动是离不开评价的，甚至可以说“教学即决策”。教师在上课之前要确定教学目标，选择教学内容和教学方法，设计教学活动，这些都需要教师在多种可能性中做出决策。上课时，教学内容与教学方法的调整也是决策，甚至提出某个问题、对学生的回答如何应对都离不开决策。上课后教师也经常做出许多决策，如是否需要进行一些补充性内容，确定下一节课的引入，等等。因此，对于教师而言，教学评价策略的研究能够更好地帮助教师在深度学习教学过程中，有依据地进行有效的教学决策。

深度学习不仅仅发生于师生、生生之间的互动，深度学习的过程也离不开学生自己的决策，即是否执行或者多大程度地执行教师的决策。在深度学习的过程中，学生的学习并非单向接受教师的教，相反，更多的是学生运用自己已有的知识经验，与教师相互作用，建构自己的理解，所以必然有大量的自主决

策。开展教学评价策略的研究，能够帮助学生对自己学习情况有全面的了解，能够促进学生自我监控和自我反馈。

因此，在深度学习的教学过程中，教学评价的开展对于师生的学习决策来说是非常重要的。开展教学评价的策略研究，有助于师生更好地进行决策，从而促进深度学习的发生。

2. 教学评价本身是学生参与深度学习的机会

评价的真实含义是收集学生的学习信息，并用这些信息来促进学生学习。在深度学习开展教学评价过程中，学生是深度学习的主体，学习是学生在与新知识、原有的观念互动时发生的主动建构过程。为此，学生必须理解信息，将其与已有经验联系起来，并监控自己的学习过程，调整自己的学习，这本身就是深度学习的一部分。

3. 教学评价策略研究能促进深度学习开展

开展深度学习教学评价策略研究的核心功能在于促进学生的深度学习。首先，教学评价的性质决定了课堂评价必须以促进学习为核心功能。评价的研究不是凌驾于教学之上的一个孤立的环境，而是镶嵌于教学过程之中，与教学活动紧密结合。其次，教学评价能够有效承担促进深度学习的功能，使学生更好地参与其中，使教师能够更好地回应学生深度学习的内容、特定学生的需求和学习状况，能够持续地实施深度学习教学，能够及时发现问题，从而调整自己的教学，并向学生提供反馈，有效地促进学生深度学习。

二、教学评价策略研究应用现状

有研究者将深度学习作为达成核心素养的过程和途径，同时更多的聚焦于基础教育阶段的深度学习。赫尔曼认为深度学习重要的目标在于，掌握和应用核心学术内容，以及支持复杂性思考的认知策略、交流与问题解决[①]，他分析了与美国共同核心标准相一致的一系列深度知识。2014年，美国斯坦福大学启

① HERMAN J，LINN R，MOSS F A. On the Road to Assessing Deeper Learning：The Status of Smarter Balanced and PARCC Assessment Consortia［J］. National Center for Research on Evaluation Standards & Student Testing（S1005-2232），2013：20.

动学生深度学习评估计划，旨在建构与共同核心素养的教学与评价相一致的深度学习评估系统，运用表现性评价驱动学生掌握核心学术内容，并发展未来大学和职业所需的高阶认知技能。[①]美国深度学习研究项目（SDL）的研究也发现，教师们更多采取长期性评估，如档案袋和作品展示，以及形成性评价、学习同伴间提供反馈等方式，对认知领域和人际领域的深度学习进行评价。[②]我国学者张治勇等认为，学习性评价是深度学习的有效路径，其主要目的是改善表现和促进学习，提高学生的学习能力、实践能力和创新能力，从而指向深度学习。[③]张浩等提出构建以非结构化的深层知识、高阶认知技能、高阶思维能力和高水平动作技能等的形成为深度学习评价的现实标准，构建认知、思维结构、动作技能和情感四位一体的深度学习评价体系。[④]但是，从目前国内已有成果来看，仍然缺乏深度学习与课堂教学相结合的实证研究。目前的小学科学课堂教学评价仍然存在以下几方面问题：

1. 评价主体较为单一

在传统教育模式的影响下，教师在课堂当中占据主导地位。教师作为评价的主体，在课堂上对学生的科学学习情况、探究能力等方面进行评价，而忽视了学生在课堂中的主体地位。在开展评价的时候，忽视了评价主体的多元化。以教师“一言堂”的方式进行课堂评价，不仅会在一定程度上影响学生学习的积极性，而且会使科学实践的过程过于沉闷，使学生缺乏对学习的热情，课堂效率也会有所降低。

目前科学学科教学情况，缺乏多主体评价，通常只是以教师评价为主。

---

① Matrundola L A. Promoting Deeper Learning through DOK［Z］. Poster session presented at the annual meeting of the California Educational Research Association，San Diego，CA，2014.

② SCALE. Student Performance Assessment［EB/OL］.（2017-03-15）［2017-11-03］. https：//scale. stanford. edu/student.

③ 张治勇，李国庆. 学习性评价：深度学习的有效路［J］. 现代远距离教育，2013（1）：31-37.

④ 张浩，吴秀娟，王静. 深度学习的目标与评价体系构建［J］. 中国电化教育，2014（7）：51-55.

2. 评价模式较为单一

在以往的科学课堂当中，教师在进行学生科学课堂教学评价时，更多地以学生终结性评价为主，而非过程性、表现性评价。即使有个别的表现性评价，也不成体系。以这样单一的终结性评价的方式进行教学活动的评价，于核心素养的培养，并不能体现出学生学习的真实情况，不容易体现出学生学习过程的可生长性，甚至还会引起学生的厌烦心理，不利于在深度学习的过程中引导学生自我评估、自我评价、自我调整。

3. 评价内容较为陈旧

大部分教师的评价关注点在学生的科学知识掌握情况上，而忽略了学生科学思维、实验技能、科学精神的培养情况。教师之间的素质也存在不小的差异性，部分教师会认为多元化、表现性评价并不能带来很好的学习效果，正是存在这样的想法，一些教师并没有站在学生的角度思考问题，也没有意识到表现性、过程性评价开展的重要性，导致科学课堂教学中的深度学习教学评价模式不能得到顺利开展。

三、核心词汇界定

随着新课标的发布，科学课要求学生由单纯的掌握知识逐渐转向素养能力提升，为详细了解学生的转变过程，国内外教育研究者引入了表现性评价这一评价手段。

表现性评价：是课堂教学评价中测量学生学习目标掌握情况的一种评价方式，能较准确评价学生在真实情境中的问题解决能力及相关素质发展情况[①]。

表现性评价是对教学活动情况的一种过程性的评价，它注重学生的学习过程，强调对学生在学习过程中所表现出来的思维、行为、学习情感等方面进行评价，是深度学习的主要评价方式之一。

发展性评价：是指依据教学目标和教育价值观，评价者与学生建立相互信任的关系，共同制定双方认可的发展目标，运用适当的评价技术和方法，对学

① 龚亚夫，罗少茜. 英语教学评估：行为表现评估和学生学习档案［M］. 北京：人民教育出版社，2002.

生的发展进行价值判断，使学生不断认识自我、发展自我、完善自我，不断实现预定发展目标的评价。

过程性评价：属于个体内差异评价，即把每个评价对象个体的过去与现在进行比较，或者把个体的有关侧面相互进行比较，从而得到评价结论的教学评价类型。

四、深度学习视域下教学评价策略的原则

1. 发展性原则

目前的小学科学以被评价者的素质全面发展为目标；对被评价者发展特征的描述和发展水平的认定，甚至到进行必要的选拔，其目的都是更有利于被评价者后继发展；注重过程评价；关注个体差异。

在深度学习教学评价的开展中，应重视学生的核心素养发展，以过程性、表现性评价与终结性评价相结合的原则，尽可能评价学生的过程性变化和素养的培养，而非单一的科学知识。

2. 多元化原则

评价主体多元化是指在发展性评价中，评价者应该是参与活动的全体对象的代表，以对被评价者进行全方位的评价。以评价学生的某次学习活动为例，评价者应该包括教师、家长、学生、学校领导和其他与该学习活动有关的人。

在深度学习的教学评价开展中，应更重视评价主体多元化原则，不仅需要教师评价、学生自评、学生互评，其他与学习活动有关的人员的评价也是需要加入的。

3. 指导性原则

在小学科学深度学习的教学中，开展和实施教学评价应遵循指导性原则。教学评价应在指出学生的优点与缺点的基础之上提出具有建设性的意见，使学生能够看到自己的长处和不足之处，并且能够循序渐进地发扬自己的优点、改正自己的缺点，让自己在学习这条道路上能够扬帆远航。同时，教学评价也应该给教师提供精准的教学反馈信息，给教师的教学指明方向、增添动力。

4. 计划性原则

在小学科学深度学习的教学中，开展和实施教学评价应遵循计划性原则。教学评价应该紧密配合教师的教学工作，根据教学工作和教学目标有计划地为教师和学生提供精准的反馈信息，以便有效地调整和改进教师的教学活动，如此才能提高深度学习的教学质量。因此，无论是一个班级的教学评价还是一门学科的教学评价，都应该在学期的开始合理做出计划和安排，以保证教学，评价前置为主要原则。评价前置有利于学生了解学习需要达成的目标、方法和需要经历的过程，有利于学生开展自我评估、自我评价、自我调整，从而成为具有自我监控能力的学习者。

五、教学评价实施策略具体方法

教学评价是依据教学目标对教学过程及结果进行价值判断并为教学决策服务的活动，是对教学活动现实的或潜在的价值做出判断的过程。教学评价是研究教师的教和学生的学的价值的过程。

深度学习的课堂强调以核心素养为导向，整合课程内容开展教学，基于核心概念进行进阶设计。课程改革，改到深处就是课堂，要落实育人目标，必须有与其价值理念相呼应、与其内容结构相契合的课堂教学，课堂教学改革必须从知识传授转向核心素养培育。同时，需要开展教、学、评一体化的变革。从传统课堂到深度学习的课堂，评价发生了很重要的转变，从传统课堂的“对学习评价”到深度学习课堂的“为学习而评价”。评价的核心功能定位从对学习的判断转向对学习的促进。

基于以上的思考，深度学习课堂中教学评价实施策略有以下几点：

1. 课堂评价前置

在深度学习的课堂中，特别是开展项目式学习的过程中，课堂的教学评价标准应该基于课程标准、教学目标而设定，评价目标与学习目标应该具有一致性。因此，评价前置让学生在学习内容开展前就知道评价内容的标准，有利于学生了解、掌握课堂学习需要达成的目标和去往的终点，以及期望达成的最终成果，有利于学生在整个学习过程中进行自我评估、自我评价、自我调整。

项目式学习以产出成果为最终标准，与其他课堂教学模式具有鲜明的区别，其中的重要步骤为公开评价标准，同时，在活动入项之后即公开评价标准，其目的在于引导学生去往最终能够达成的标准，促进学生主动进行深度学习。

【案例】教科版四年级上册《设计和制作小车（一）》

教师在开展教学过程中，以“玩车”出场，以××汽车公司工程师的身份，邀请全班共同参加小汽车的设计制作大赛，创设真实情境完成入项，引出课题“设计制作小车”。接着教师引导学生：“车在我们生活中都十分常见，如果让同学们制作一部车，你觉得首先要考虑什么问题？”学生回答要做什么样的车。这一步其实也是要明确任务。用车子模型引发学生思考，此时教师出示小车制作评价量表，明确设计任务。

小车制作评价量表

星级 项目	★	★★	★★★
小车设计	方案不合理，没有设计图	方案较合理，有简单的设计图	方案合理，有严谨、详细的设计图
小车制作	制作工艺差，对于出现的问题不能解决	制作工艺一般，对于出现的问题部分能解决	各部件连接合理，车架扎实、轮胎稳定、轮子转动灵活，制作时能及时发现问题并解决问题
小车功能	不能行使	能够行使，但距离较短、行驶较慢、载重能力差或不能按直线行驶	完全按照要求完成规定任务
团队分工合作	没有分工合作	简单分工，合作较少	分工合理，团队协作顺畅
展示讲解	展示不清晰，内容不完整，讲解不流畅	对设计和制作的过程展示较完整，讲解较清晰	对设计和制作过程讲解清晰、思路开阔

小车制作评价表

项目	小车设计	小车制作	小车功能	团队合作	展示讲解
我们组	☆☆☆	☆☆☆	☆☆☆	☆☆☆	☆☆☆
第　组	☆☆☆	☆☆☆	☆☆☆	☆☆☆	☆☆☆
第　组	☆☆☆	☆☆☆	☆☆☆	☆☆☆	☆☆☆
第　组	☆☆☆	☆☆☆	☆☆☆	☆☆☆	☆☆☆

续 表

项目	小车设计	小车制作	小车功能	团队合作	展示讲解
第　组	☆☆☆	☆☆☆	☆☆☆	☆☆☆	☆☆☆
第　组	☆☆☆	☆☆☆	☆☆☆	☆☆☆	☆☆☆
第　组	☆☆☆	☆☆☆	☆☆☆	☆☆☆	☆☆☆
第　组	☆☆☆	☆☆☆	☆☆☆	☆☆☆	☆☆☆
第　组	☆☆☆	☆☆☆	☆☆☆	☆☆☆	☆☆☆
第　组	☆☆☆	☆☆☆	☆☆☆	☆☆☆	☆☆☆
……	……	……	……	……	……

而在非项目式学习的课堂教学中，评价前置也非常重要，其使评价环节融合于教学过程之中，为教学提供支持，促进学生的自主学习、深度参与。

【案例】教科版六年级上册《电和磁》

本课将带领学生“重演”科学史上著名的发现电磁现象的过程，让学生“发现”通电导线能使指南针的磁针发生偏转，从而认识到电可以生磁。通过实验，增强学生学习活动的探究性、趣味性。本节课最大的特色是不仅“重演”了奥斯特的实验过程，还真实地“重演”了奥斯特的思维过程，这样更有助于学生科学素养的培养。

本节课的教学设计在教学过程中渗透教学评价，并且将评价表在实验探究开始前就向全体学生公布。通过评价量规表，在学生设计实验的过程中，教师可以充分参与到学生的设计过程中，并在适当的时候发表自己的观点和看法；教师可以及时发现学生实验中的亮点并给予充分的肯定，在学生的实验出现问题时给予适当的帮助；通过小组合作学习的方式为每个学生创造机会并进行展示，关注学生的思维发展，激发他们的自信心。《电和磁》前置评价量规表如下所示。

1.科学知识评价	
水平1	知道通电导线可以使指南针的磁针发生偏转，不知道电流产生了磁
水平2	知道通电导线可以使指南针的磁针发生偏转，且电流产生了磁，不能说出理由
水平3	知道通电导线可以使指南针的磁针发生偏转，且电流产生了磁，能够说出理由
2.科学能力评价	
水平1	不能通过逻辑分析进行猜想，将电流与磁建立联系

续 表

水平2	能够通过逻辑分析进行猜想，将电流与磁建立联系，不能设计实验并进行验证
水平3	能够通过逻辑分析进行猜想，将电流与磁建立联系，能够设计实验并进行验证
3.科学态度评价	
水平1	在学习过程中不能与同伴合作，学习兴趣不高
水平2	在学习过程中主动与同伴合作，学习兴趣浓厚
水平3	在学习过程中主动与同伴合作，认真听取并虚心接受同伴的建议，学习兴趣浓厚

2. 开展多元化评价

多元化评价体系是在传统的以终结性评价为主导的单一评价方式的基础上提出来的，可以实现教学评价的多元化，也就是全面地评价学生的学习成果。多元化的“多元”不仅反映在评价面向的内容、过程、方式、方法和环节的多样性上，也体现在评价内容、评价主体、评价标准和评价方式四个方面。具体而言，评价内容包括多方面知识与能力的评价；评价主体既包含教师和学生两个主体，还包含师生互评和生生互评；评价标准包含统一的课程标准、教学目标等，还包含因人而异的个人标准；评价方式包含随堂测试的诊断性评价，课堂表现、作业和成长记录袋的形成性评价以及单元检测、期末测试的终结性评价。

多元化的评价既包括了评价主体的多元，又包括了评价方法的多样。

强调主体多元，充分发挥学校、教师、学生参与评价的积极性，综合利用各种评价主体的评价结果，促进所有参与者教育方式和行为的改变。强调方法多样，将定性评价与定量评价相结合，单项评价与整体评价相结合，纸笔评价与表现性评价相结合，综合利用各种方法，保证评价结果的准确性和有效性。

【案例】教科版二年级上册《做一顶帽子》

教师在开展教学过程中，让学生使用不同材料制作不同功能的帽子，制作过程及展示过程涉及同伴合作，教师、家长帮助，后期在“帽子展示会”中涉及展示与评选，但因低年级学生在评价过程中文字书写能力不足，因此教师选用“雷达图”的方式，从教师评价、学生自评、学生互评、家长评价几个方面开展评价，重视学生全体参与，调动参加教育活动个体的评价积极性。

自我评价	☆☆☆☆☆	材料多样 认真完成　实际测量 美观实用　功能复合
教师评价	☆☆☆☆☆	
家长评价	☆☆☆☆☆	
同伴评价	☆☆☆☆☆	

【案例】教科版四年级下册《种子长出了根》

学生制作种植杯，利用种植杯观察蚕豆种子的发芽过程，并填写1周左右的观察记录表，在此基础上分析数据得出结论。学生利用记录表，记录蚕豆根生长的情况，观察绘制图示，分析结论。在此基础上，依据学生观察记录表开展多元评价，既评价了学生的科学知识掌握，也评价了学生收集数据，利用文字、图示记录观察结果的科学方法及分析、处理数据的科学能力，促进了学生的学习，指向了核心素养开展评价，促进了学生开展深度学习。既是针对课堂表现的评价，也是对学习过程的反思。

1.《种子长出了根》不同学生的实践作业

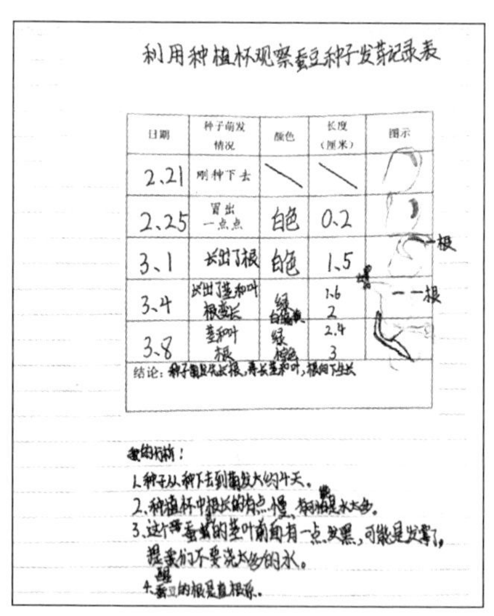

利用种植杯观察蚕豆种子发芽记录表

日期	种子萌发情况	颜色	长度（厘米）	图示
2.21	刚种下去	\	\	
2.25	冒出一点点	白色	0.2	
3.1	长出了根	白色	1.5	根
3.4	长出了茎和叶 根变长	绿 白偏黄	1.6 2	根
3.8	茎和叶 根	绿 棕色	2.4 3	
结论：种子萌发先长根，再长茎和叶，根向下生长				

我的分析：

1. 种子从种下去到萌发大约4天。
2. 种植杯中根长的有点慢，有可能是水太多。
3. 这个蚕豆的茎叶前面有一点发黑，可能是发霉了，提醒我们不要浇太多的水。
4. 蚕豆的根是直根系。

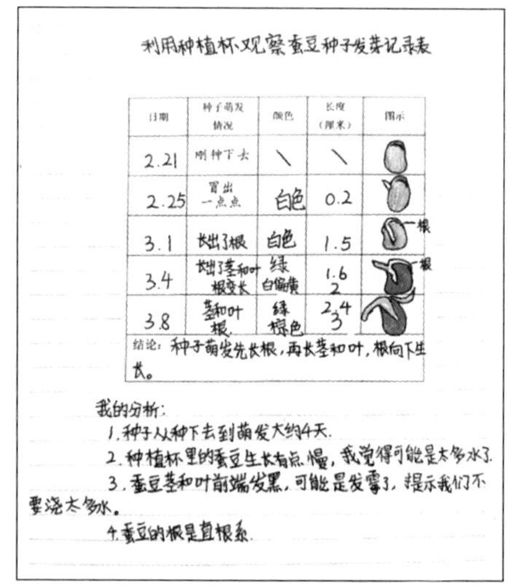

利用种植杯观察蚕豆种子发芽记录表

日期	种子萌发情况	颜色	长度（厘米）	图示
2.21	刚种下去	\	\	
2.25	冒出一点点	白色	0.2	
3.1	长出了根	白色	1.5	根
3.4	长出了茎和叶 根变长	绿 白偏黄	1.6 2	根
3.8	茎和叶 根	绿 棕色	2.4 3	
结论：种子萌发先长根，再长茎和叶，根向下生长。				

我的分析：

1. 种子从种下去到萌发大约4天.
2. 种植杯里的蚕豆生长有点慢，我觉得可能是太多水了.
3. 蚕豆茎和叶前端发黑，可能是发霉了，提示我们不要浇太多水。
4. 蚕豆的根是直根系.

2.《种子长出了根》课堂学习评价表

评价项目	评价人			
	学生自评	同伴互评	家长评价	教师评价
制作种植杯	☆☆☆	☆☆☆	☆☆☆	☆☆☆
观察蚕豆生长	☆☆☆	☆☆☆	☆☆☆	☆☆☆
记录数据	☆☆☆	☆☆☆	☆☆☆	☆☆☆
图文并茂	☆☆☆	☆☆☆	☆☆☆	☆☆☆
美观整洁	☆☆☆	☆☆☆	☆☆☆	☆☆☆
得出结论	☆☆☆	☆☆☆	☆☆☆	☆☆☆
可以做得更好的地方				

3. 建构评价体系

为了更好地促进深度学习主动、真实、有效地开展，教学环节的评价不应该仅限于课堂教学，而应发挥过程评价、表现性评价的效益，重点关注课堂评价之外的作业评价，使其在一个阶段的学习中形成体系，以配合阶段性学业评价。在此过程中，教师可以根据教材，选择数个实践活动作为补充，评价侧重于学生巩固知识、形成能力、培养习惯，促进深度学习的开展。可以使用成长档案袋的形式，对于学生阶段性课堂表现或作业表现进行评价，考查学生解决实际问题、在真实情境中学习的能力。建构评价体系，能够有效地促进深度学习在课堂中的长期开展，根据教学工作和教学目标有计划地为教师和学生提供精准的反馈信息，以便有效地调整和改进教师的教学活动，提高深度学习的教学质量。

建构评价体系的同时，对教师教学也是促进，在开展教学时，选择不同主题进行评价，尊重了学生差异，激发了学生潜能，多方面准确评价学生的基础知识、基本技能、思维能力、科学态度，能够较好地关注学生学习结果和学习过程。

【案例】教科版四年级下册阶段性深度学习评价体系建构

在四年级下册教学过程中，为了促进学生深度学习的长期开展，并且有计划地为教师和学生提供精准的反馈信息，有效地调整和改进教师的教学活动，选择“种植杯观察记录”“凤仙花观察记录”“做个小开关”“矿石鉴定”四个活动，对应教科版《科学》四年级下册的“植物的生长变化”“电路”“岩石与土壤”三个单元，学生的作品及评价表，以成长档案袋的形式保存记录。引导学生长期开展深度学习，关注学习过程。教科版《科学》四年级下册阶段性深度学习评价表如下。

香洲区潮联学校　科学学习情况登记表

四（2）班　　　　　任课教师：张文芩

序号	姓名	种植杯观察记录	凤仙花数据	做个小开关	矿石鉴定卡	总评
1	曹雯腾					
2	曹庄明德					
3	曾　晴					
4	曾梓明					
5	陈沛雯					
6	陈宇哲					
7	冯鑫鑫					
8	何寒冰					
9	黄律津					
10	赖乐菲					
11	李诗晗					
12	李　婷					
13	李政学					
14	鲁牧遥					
15	陆子渊					
16	麦舒然					
17	丘佳沂					
18	邵雅琪					
19	谭涵洲					
20	万欣彤					
21	吴昱辉					
22	许思源					
23	杨祖强					
24	余芯瑶					

续表

序号	姓名	种植杯观察记录	凤仙花数据	做个小开关	矿石鉴定卡	总评
25	张安娜					
26	张承睿					
27	张易阳					
28	张梓轩					
29	章泽帆					
30	赵梓妍					
31	郑东洋					
32	钟承洁					
33	邹婉宁					
34	邹星泽					
35	陈文东					
36	宗睿涵					
37	方峻烨					
38	梁桂杰					
39	韩嘉泽					
40	李　粤					

综上所述，在小学科学深度学习的开展中，教学评价可以说是一项重点工作内容，其评价内容、评价方法、评价体系在很大程度上决定了深度学习教学的效果。因此，在教学实践中一定以核心素养培养为导向，做好深度学习的教学评价工作。